国学经典有话对你说系列

龙文鞭影

历史进化明智书

姜越 编著

国学经典

中国书籍出版社

图书在版编目(CIP)数据

龙文鞭影：历史进化明智书 / 姜越编著.
--北京：中国书籍出版社，2019.7
ISBN 978-7-5068-7392-5

Ⅰ.①龙… Ⅱ.①姜… Ⅲ.①古汉语—启蒙读物
Ⅳ.①H194.1

中国版本图书馆CIP数据核字（2019）第156589号

龙文鞭影：历史进化明智书

姜越　编著

责任编辑	李　新
责任印制	孙马飞　马　芝
封面设计	侯　泰
出版发行	中国书籍出版社
地　　址	北京市丰台区三路居路97号（邮编：100073）
电　　话	（010）52257143（总编室）　　（010）52257140（发行部）
电子邮箱	eo@chinabp.com.cn
经　　销	全国新华书店
印　　刷	北京市通州大中印刷厂
开　　本	710毫米×1000毫米　1 / 16
印　　张	16
字　　数	282千字
版　　次	2019年7月第1版·2019年7月第1次印刷
书　　号	ISBN 978-7-5068-7392-5
定　　价	49.80元

版权所有　翻印必究

前 言

何谓"龙文鞭影"？很多人不解其意。"龙文"，指古代良马，见到鞭影就会疾驰，无须鞭打，即是说，读这本书能收到"逸而功倍"的效果。

《龙文鞭影》，原名《蒙养故事》，是明朝著名学者萧良有编撰的一部关于蒙学教育的通俗读物。编者从丰富儿童的知识、开拓其视野出发，从卷帙浩繁的古代史书和诸子百家著作中，精心挑选了两千多则人物典故和各种逸闻趣事，内容涉及政治、经济、军事、文学、艺术、德行、儒林、方术、怪异、奸佞等众多方面。作者广采博求历史上正反两方面的典型事例，是想通过这些故事的启发，对孩子们进行潜移默化的教育，让他们形成一种符合当时社会需要的伦理观、道德观、价值观和历史观，塑造他们忠孝节义、友爱善良的良好个性品质。

我们在整理此书时，对全书两千多则故事全部采用，并将其译成白话文，译文在如实传达每则故事的思想内涵和价值取向的基础上，力求做到文字的通顺和晓畅。由于知识水平有限，编者在文字表达和内容把握上可能存在偏差和失误，敬请专家和读者指正。

国学是一个文化共生矿，既有精华，亦有糟粕，作为国学基础环节的蒙学也不例外。诚然它是中华民族千百年来积淀下来的文化成果，是列祖列宗留给子孙后代的一笔丰厚遗产，但其中确实存在着一些错误观念与陈腐说教，如男尊女卑思想、封建等级观念、听天由命的宿命论、因果报应的唯心论以及明哲保身的人生态度，等等，这是时代的局限，是封建社会的必然产物。但蒙学读物中所主要承载的，乃是中国传统文化中的优良元素，如积极进取的人生观，就是一种非常珍贵的蒙学传统，今人应发扬光大。另外，古人编写蒙学读物往往十分重视文字、词句的简明性和趣味性，以适合少年儿童和文化程度较低的社会群体阅读，如比较普遍地以偶句、韵语的形式成文，句短而音谐，富于视觉、听觉美感，便于诵记，这种做法，很值得提倡。望读者在阅读时认真鉴别，舍其糟粕，取其精华，使中国传统蒙学这一传统文化古为今用，更好地为现实服务，并在批判扬弃中不断发扬光大！

目　　录

上篇　《龙文鞭影》智慧直播

第一章　诲尔童蒙，子史须通

入门书极为重要，一本不好的入门书，会使初学这门学问的人兴趣全无，且变得不自信。这里指的入门书不是看图识字的绘本，而是进入一个学科、一个领域的入门书，这样的书看似浅显，其实深湛无比。

粗成四字，诲尔童蒙 …………………………………………… 4
经书暇日，子史须通 …………………………………………… 5
重华大孝，武穆精忠 …………………………………………… 6
尧眉八彩，舜目重瞳 …………………………………………… 7
商王祷雨，汉祖歌风 …………………………………………… 8
秀巡河北，策据江东 …………………………………………… 9
太宗怀鹞，桓典乘骢 …………………………………………… 10
嘉宾赋雪，圣祖吟虹 …………………………………………… 11
邺仙秋水，宣圣春风 …………………………………………… 13
恺崇斗富，浑潜争功 …………………………………………… 14
王伦使虏，魏绛和戎 …………………………………………… 15
恂留河内，何守关中 …………………………………………… 17
曾除丁谓，皓折贾充 …………………………………………… 18

田骄贫贱，赵别雌雄 ·················· 19
王戎简要，裴楷清通 ·················· 20
子尼名士，少逸神童 ·················· 21
巨伯高谊，许叔阴功 ·················· 23
代雨李靖，止雹王崇 ·················· 24
和凝衣钵，仁杰药笼 ·················· 25
义伦清节，展获和风 ·················· 26
占风令尹，辩日儿童 ·················· 27
敝履东郭，粗服张融 ·················· 29
卢杞除患，彭宠言功 ·················· 30
放歌渔者，鼓枻诗翁 ·················· 31
韦文朱武，阳孝尊忠 ·················· 33
倚闾贾母，投阁扬雄 ·················· 34
梁姬值虎，冯后当熊 ·················· 36
罗敷陌上，通德宫中 ·················· 37

第二章 与人为善，师德宽容

与人为善是中华民族的传统美德，是和谐社会的润滑剂。人生之路漫漫，我们要始终坚持与人为善的原则，只有做到与人为善，我们才能处理好人际关系。

汉称七制，唐羡三宗 ·················· 40
呆卿断舌，高祖伤胸 ·················· 41
魏公切直，师德宽容 ·················· 42
祢衡一鹗，路斯九龙 ·················· 43
纯仁助麦，丁固梦松 ·················· 44
韩琦芍药，李固芙蓉 ·················· 45
乐羊七载，方朔三冬 ·················· 46
郊祁并第，谭尚相攻 ·················· 47
陶违雾豹，韩比云龙 ·················· 48

洗儿妃子，校士昭容 50
彩鸾书韵，琴操参宗 51

第三章　帝王将相，朝野兴亡

悠悠中华经历了五千多年的风雨洗礼。中国大地上风起云涌，经历着无数次"江山不改人已换"的历史变迁。一个朝代和一个国家的兴亡，在于为人君者是否贤明，是否爱护臣民，"得民心者昌，失民心者亡"。

古帝凤阁，刺史鸡窗 54
亡秦胡亥，兴汉刘邦 55
戴生独步，许子无双 56
柳眠汉苑，枫落吴江 57
鱼山警植，鹿门隐庞 58
浩从床匿，崧避杖撞 59
刘诗瓯覆，韩文鼎扛 60
愿归盘谷，杨忆石淙 61
弩名克敌，城筑受降 62
韦曲杜曲，梦窗草窗 63
灵征刍狗，诗祸花龙 64
嘉贞丝慢，鲁直彩缸 65

第四章　文武百官，大智若愚

大智若愚在生活当中的表现是不处处显示自己的聪明，做人低调，从来不向人夸耀自己，抬高自己，做人原则是厚积薄发、宁静致远，注重自身修为、层次和素质的提高，对于很多事情持大度开放的态度，有着海纳百川的境界和强者求己的心态，从来没有太多的抱怨，能够真心实在地做事，使自己能够不断得到积累。

王良策马，傅说骑箕 68

伏羲画卦，宣父删诗 69
高逢白帝，禹梦玄彝 70
寅陈七策，光进五规 71
鲁恭三异，杨震四知 72
邓攸弃子，郭巨埋儿 73
公瑾嫁婢，处道还姬 74
允诛董卓，玠杀王夔 75
石虎矫捷，朱亥雄奇 76
平叔傅粉，弘治凝脂 78
伯俞泣杖，墨翟悲丝 79
能文曹植，善辩张仪 80
温公警枕，董子下帷 81
会书张旭，善画王维 82
周兄无慧，济叔不痴 83
杜畿国士，郭泰人师 84
伊川传易，觉范论诗 85
董昭救蚁，毛宝放龟 87
乘风宗悫，立雪杨时 88

第五章　处世哲思，人物百态

　　美德、智慧、修养，是我们处世的资本。为对手叫好，是一种谋略，能做到放低姿态为对手叫好的人，那他在做人做事上必定会成功。退一步海阔天空，忍一时风平浪静。对于别人的过失，必要的指责无可厚非，但能以博大的胸怀去宽容别人，就会让世界变得更精彩。

阮籍青眼，马良白眉 92
韩子孤愤，梁鸿五噫 93
钱昆嗜蟹，崔谌乞麋 94
隐之卖犬，井伯烹雌 95
枚皋敏捷，司马淹迟 96

祖莹称圣，潘岳诚奇	97
紫芝眉宇，思曼风姿	98
毓会窃饮，谌纪成糜	100
韩康卖药，周术茹芝	101
刘公殿虎，庄子涂龟	102
唐举善相，扁鹊名医	103
韩琦焚疏，贾岛祭诗	104
康侯训侄，良弼课儿	105
颜狂莫及，山器难知	106
懒残煨芋，李泌烧梨	107
干楳杨沛，焦饭陈遗	108
文舒戒子，安石求师	109
防年未减，严武称奇	110
邓云艾艾，周曰期期	112
周师猿鹄，梁相鹓鸥	113
临洮大汉，琼崖小儿	114
东阳巧对，汝锡奇诗	115
启期三乐，藏用五知	116
堕甑叔达，发瓮钟离	117
一钱诛吏，半臂怜姬	118
王胡索食，罗友乞祠	120
召父杜母，雍友杨师	121
直言解发，京兆画眉	122
美姬工笛，老婢吹篪	123

第六章　仁人志士，信义为重

孟子说："诚者，天之道也，诚之者，人之道也。"诚信是一种人人必备的优良品格。讲诚信的人，处处受欢迎；不讲诚信的人，人们会忽视他的存在。我们每个人都要讲诚信。

敬叔受饷，吴祐遗衣 126
淳于窃笑，司马微讥 127
子房辟谷，公信采薇 128
卜商闻过，伯玉知非 129
仕治远志，伯约当归 130
商安鹑服，章泣牛衣 131
蔡陈善谑，王葛交讥 132
陶公运甓，孟母断机 133

第七章　正直练达，铁血道义

做人要真诚，如此才能得到别人的信任，才能体会人世间的一切美好和温暖；如果一个人整天虚伪地生活，不会真心地对待身边的任何一个人，那么他所受到的惩罚并不是找不到相信他的人，而是他无法相信身边的人们。

少帝坐膝，太子牵裾 136
卫懿好鹤，鲁隐观鱼 137
蔡伦造纸，刘向校书 138
朱云折槛，禽息击车 139
耿恭拜井，郑国穿渠 140
国华取印，添丁抹书 141
细侯竹马，宗孟银鱼 142
管宁割席，和峤专车 143
渭阳袁湛，宅相魏舒 144

永和拥卷，次道藏书	145
镇周赠帛，宓子驱车	146
廷尉罗雀，学士焚鱼	148
冥鉴季达，预识卢储	149

下篇　《龙文鞭影》深度报道

第一章　别让欲望毁了自己

欲望是人最原始的、最基本的本能。欲望可以使人成功，也可以使人失败。

太上皇	154
赵武灵王被饿死沙丘	155
廉颇虽能终不被用	158
商纣王荒淫残暴	160
天道大法	161

第二章　善于发现他人的优点

人人都有优点和缺点，与人交往，若是老盯着别人的缺点，我们肯定会变得孤独。生活是一门学问，在这个世界上，有许多人活得并不快乐，那是因为老盯着别人的缺点，却看不到自己的缺点——不是因为眼神的问题，是心灵的问题。

周厉王制止指责	166
吕尚赶路建立齐国	167
鲍叔牙力荐管仲	168
曹沫劫持齐桓公	170

第三章　保持一颗宽容的心

宽容是一种高贵的品质、崇高的境界，是精神的成熟、心灵的丰盈，一个人心胸宽广，他就能容得下整个世界，收获无穷。

重耳谢恩愿退三舍 ……………………………………… 174
晋文公夫人救主帅 ……………………………………… 175
晏子车夫知错改过 ……………………………………… 176
田穰苴力斩监军 ………………………………………… 177

第四章　不要丢失诚信

诚信是一切道德的根基和本原。它不仅是一种个人的美德和品质，而是一种社会的道德原则和规范；不仅是一种内在的精神和价值，而且是一种外在的声誉和资源。

范蠡致富无奈家事 ……………………………………… 180
孔子震慑齐景公 ………………………………………… 183
孔子失意不被任用 ……………………………………… 185
医有扁鹊 ………………………………………………… 186
立木为信 ………………………………………………… 189
邹忌陷害田忌 …………………………………………… 190

第五章　开启伟大的梦想

梦想是人类对于美好事物的憧憬和渴望，是奋斗的源泉，只有我们努力地去追求去创造，才能实现。有了梦想我们不会再艰难踌躇，也不会再退缩彷徨，而是沧海扬帆长风破浪去托起一轮不落的太阳。

张仪赴秦 ………………………………………………… 194
楚怀王受困死秦国 ……………………………………… 197

燕昭王求贤乐毅攻齐 …………………………………… 199
武公说服昭子罢兵 ……………………………………… 201
范雎遇难入秦得志 ……………………………………… 202

第六章　学会捍卫自己的尊严

　　没有自我尊重，就没有道德的纯洁性和丰富的个性精神。对自身的尊重、荣誉感、自豪感、自尊心，这是一块磨炼细腻的感情的砺石。

蔺相如完璧归赵 ………………………………………… 210
毛遂力断逼楚发兵 ……………………………………… 214
苏武不降北海牧羊 ……………………………………… 217
张骞归汉封侯助战 ……………………………………… 223

第七章　做人的智慧

　　学会低调做人，就是要不喧闹、不矫揉造作、不故作呻吟、不假惺惺、不卷进是非、不招人嫌、不招人嫉，即使你认为自己满腹才华，能力比别人强，也要学会藏拙。

刘邦还乡唱大风歌 ……………………………………… 226
项羽兵败自杀身亡 ……………………………………… 228
韩信谋反被杀灭族 ……………………………………… 233
王允计除董卓 …………………………………………… 235
管宁割席 ………………………………………………… 237

参考文献 ……………………………………………… 239
后　　记 ……………………………………………… 240

上篇 《龙文鞭影》智慧直播

第一章
诲尔童蒙，子史须通

入门书极为重要，一本不好的入门书，会使初学这门学问的人兴趣全无，且变得不自信。这里指的入门书不是看图识字的绘本，而是进入一个学科、一个领域的入门书，这样的书看似浅显，其实深湛无比。

粗成四字，诲尔童蒙

◎ **我是主持人**

成语典故主要以四言的形式存在，不仅易于记诵，更可以由此领略汉语的韵味悠长：平平仄仄在四个字的节奏中舒展跳跃，盛衰浮沉在四个字中显得抑扬顿挫，悲欢离合在四个字中从容演绎，酸甜苦辣在四个字中别具滋味。四个字，可以形成一个独幕剧，但成百上千个这样的画面连起来，就是一部人间正剧。

◎ **原文**

粗成四字，诲尔童蒙。

◎ **注释**

诲：教诲，教育。

◎ **译文**

这本书每句有四个字，我学问粗浅，这些文字就用来教育小孩子，起到启蒙作用吧。

◎ **直播课堂**

我国古代图书之四部分类法为：经、史、子、集。经指经书，为儒家经典著作；子部，又称丙部，专列诸子百家著作思想、艺术、谱录等。史部，又称乙部，专列各种体裁的历史著作。集部，即诗词汇编。经、史、子、集四部分类法，是中国传统文化的产物，今天，它是我们熟悉古籍，了解传统文化的一把钥匙。

经书暇日,子史须通

◎ **我是主持人**

看似入门书,实则最难写,这需要知识底蕴深厚的人才能写得出,因为只有真正地对这个学科有深入的了解和把握,才能做到深入浅出。

◎ **原文**

经书暇日,子史须通。

◎ **注释**

经书:指儒学经典书籍。子史:分别指诸子百家的学说和历史著作。

◎ **译文**

那些儒家的经典书籍要每日必看,而诸子百家的著作和前人的各种历史著作也都要熟悉。

◎ **直播课堂**

"经书暇日,子史须通"虽然只是简单明了的几个字,却真正道出了这本书的重要性,并对学童提出了学习目标。这是不可多得的一部好书,关乎我中华传统之文化与历史,学而时习之,不亦乐乎?

重华大孝，武穆精忠

◎ 我是主持人

重华，即舜，三皇五帝之一。《史记·五帝本纪》："虞舜者，名曰重华。"相传重华目有双瞳，其父瞽瞍，家中另有继母以及同父异母的弟弟象。他的父母性格顽固，行事偏袒象，多次陷害重华。重华秉性纯孝，从不以为恼。尧帝听说此事后，将两个女儿娥皇、女英嫁给重华，后来又将帝位禅让于重华。重华继位后不计前嫌，待父如故，并将弟弟象封为诸侯。

◎ 原文

重华大孝，武穆精忠。

◎ 注释

重华：即舜帝。武穆：指岳飞。

◎ 译文

上古帝舜又叫重华，他的父亲、后母和弟弟三人合谋屡次害他，舜逃生后仍然孝顺父母、亲爱兄弟，所以孔子和孟子都视他为"大孝"的表率。南宋爱国名将岳飞的谥号是武穆，他少年便立志抗金。十八岁从军，立战功，背上刺有"尽忠报国"（后世演义为"精忠报国"）四字。

◎ 直播课堂

岳飞，字鹏举，河北相州人氏（今河南安阳）。岳飞是中国历史上著名的民族英雄、抗金名将。《宋史·岳飞传》载，岳飞被诬陷入狱后，曾"裂裳以背示"，背上刻有四个深入肤里的大字：尽忠报国。岳飞一生廉洁律己、忠君孝母，却被高宗、秦桧以莫须有的罪名处死。到宋孝宗继位，岳飞的冤屈才得以昭雪，淳熙五年，谥号武穆。宋理宗宝庆元年，改谥忠武。

尧眉八彩，舜目重瞳

◎ **我是主持人**

尧，三皇五帝之一。姓尹祁，号放勋。因封于唐，又称唐尧。由于他德高望重，人民十分爱戴他。舜，中国上古部落联盟首领，传说目有双瞳而取名"重华"，号有虞氏，故称虞舜。

◎ **原文**

尧眉八彩，舜目重瞳。

◎ **注释**

瞳：瞳孔。

◎ **译文**

尧是上古五帝之一，传说他的眉毛由八种颜色组成，而舜帝一目双眸。

◎ **直播课堂**

《论衡·骨相》云：传言黄帝龙颜，颛顼戴午，帝喾骈齿，尧眉八采，舜目重瞳，禹耳三漏，汤臂再肘，文王四乳，武王望阳，周公背偻，皋陶马口，孔子反羽。这里所说种种异相，旨在指出帝王圣人与普通人容貌有不同之处。

商王祷雨，汉祖歌风

◎ 我是主持人

大约在公元前 1600 年，成汤率领军队在一个叫鸣条的地方与夏朝的主力部队展开决战，并将其彻底击垮，然后召开了庆功会，3000 多位诸侯到场，会上最重要的议题就是拥立成汤为天下之主，夏朝也在成汤坐上宝座的那一刻正式宣布灭亡。而刘邦能够被后人推崇，不仅仅因为他是汉朝开国皇帝，他那种开阔的胸怀和长远的眼光，才是根本所在。

◎ 原文

商王祷雨，汉祖歌风。

◎ 注释

商王：商朝成汤王。汉祖：汉高祖刘邦。祷：祈祷。

◎ 译文

商王成汤统治期间有七年大旱，太史占卜后，预言要有人求雨才行，于是君王就亲自求雨。汉高祖刘邦，在楚汉战争中击败项羽后建立汉朝，当上了皇帝。汉高祖即位后回到家乡，宴请父老，歌唱道："大风起兮云飞扬，威加海内兮归故乡，安得猛士兮守四方。"

◎ 直播课堂

商王，即商朝成汤王，姓子，原名履，字天乙。《吕氏春秋·顺民》载："昔者汤克夏而正天下。天大旱，五年不收，汤乃以身祷于桑林，曰：'余一人有罪，无及万夫。万夫有罪，在余一人。无以一人之不敏，使上帝鬼神伤民之命。'于是剪其发，磨其手，自以为牺，用祈福于上帝。民乃甚说，雨乃大至。则汤达乎鬼神之化、人事之传也。"意思是说，当时大旱，太史占卜后，说应该以人祈祷，商王遂剪发、剪指甲，历数自己有愧之事。祈祷完毕，天果然下起了大雨。

汉祖，即汉高祖刘邦，字季，沛县人。高祖十一年，淮南王黥布起兵造反，刘邦率军征讨，得胜后班师回朝。路过自己家乡沛县时，宴请乡里，即兴为歌："大风起兮云飞扬，威加海内兮归故乡，安得猛士兮守四方。"

秀巡河北，策据江东

◎ 我是主持人

刘秀是东汉的开创者，后人对这个朝代是相当看重的，司马光这样评价道："自三代（夏、商、周）既亡，风化之美，未有若东汉之盛者也。"梁启超说："东汉尚气节，崇廉耻，风俗称最美，为儒学最盛时代。"

◎ 原文

秀巡河北，策据江东。

◎ 注释

秀：指刘秀。策：指孙策。

◎ 译文

刘秀是汉高祖刘邦的九世孙。公元6年汉朝被当时的王莽篡位，天下大乱。刘秀于公元22年起兵，第二年皇族刘玄称帝，刘玄派刘秀以大司马身份，巡幸河北，除莽苛政，为中兴汉代奠定基础。孙策是三国时期吴郡人，吴郡的首领孙坚的长子，当时占据着江东，孙策临死时，将事业托付给弟弟孙权。孙权后来攻破荆州，做了皇帝。

◎ **直播课堂**

刘秀，字文叔，南阳郡蔡阳县人（今湖北枣阳西南），系刘邦九世孙。西汉时王莽篡位，刘秀起兵平乱。公元23年，刘玄称帝。《后汉书·光武帝纪》载："（刘玄）乃遣光武以破虏将军行大司马事。十月，持节北度河，镇慰州郡。所到部县，辄见二千石、长吏、三老、官属，下至佐史，考察黜陟，如州牧行部事。辄平遣囚徒，除王莽苛政，复汉官名。吏人喜悦，争持牛、酒迎劳。"公元25年，刘秀代刘玄称帝，改元建武，定都洛阳，称光武帝。

孙策，字伯符，吴郡富春（今浙江富阳）人。东汉献帝兴平二年至建安四年，孙策得周瑜之助，率兵兼并各割据势力，攻取江东，为东吴开国奠定了基础。袁术曾有云："使术有子如孙郎，死复何恨。"

太宗怀鹞，桓典乘骢

◎ **我是主持人**

唐太宗李世民被后世称为一代明君，他能够听取大臣的建议，特别是魏征的。李世民为了夺取皇位，与其兄李建成发生了火并，玄武门之变，兄弟相残令人震惊。魏征原是李建成的谋士，后被李世民请来帮助自己治理国家。桓典是东汉时候的人，在汉灵帝时担任御史，御史的职责是监察群臣，并及时上报给皇帝。东汉时候的风气是极重气节的，御史们也特别较真，桓典就是其中具有代表性的一位。

◎ **原文**

太宗怀鹞，桓典乘骢。

◎ **注释**

鹞：一种凶猛的鸟，像鹰，但比鹰小。骢：青白色的马。

◎ **译文**

唐太宗李世民是个好皇帝，但是有时候也会贪玩。有一次他曾得到一只鹞鸟，正玩得高兴，看见魏征来了，魏征是宰相，这个人极其正直，是个敢于说实话的贤臣，太宗从心里害怕他，于是就把鸟藏在怀中，魏征早看到了，就故意长时间奏事，结果鹞鸟被闷死在太宗怀中。

桓典是东汉时朝廷的侍御史，常乘着骢马出游办事。京城中的人惧怕他，说："行行且止，避骢马御史。"

◎ **直播课堂**

唐太宗李世民是中国历史上少有的贤明君主，"振古而来，未之有也"。他与魏征之间既是君臣，亦是良友。太宗有错，魏征向来敢犯颜直谏。这对君臣的交往，可谓其馨如兰。《资治通鉴》载，唐太宗"得佳鹞，自臂之，望见征来，匿怀中；征奏事固久不已，鹞竟死怀中"。这件小事，充分体现出李世民对魏征的惧怕敬重。

桓典，字公雅，太傅桓焉之孙，汉灵帝时官至侍御史，喜乘青白色的马。灵帝在位期间，朝政由宦官赵忠、张让把持。桓典不畏强权，从来不会因为什么人而回避。所以在官场上流传着这样一句话："在大街上碰到骑着青白马的桓典，一定要避开。"

嘉宾赋雪，圣祖吟虹

◎ **我是主持人**

汉朝的文学，以赋最具代表性，那种铺排体现出一种感叹，一种凝结，一种无法释怀的心情。秦朝第一次统一全国，车同轨、书同文，但只

是强制实行，人们当时并没有多少高兴可言，有不满也不能诉诸言语，只能用眼神来传递仇恨，到汉朝就不同了，德行、忠义开始受到最高统治者的大力提倡，那些微茫无端的情绪，也可以光明正大地抒发。

◎ 原文

嘉宾赋雪，圣祖吟虹。

◎ 注释

圣祖：指明太祖朱元璋。

◎ 译文

刘宋时谢惠连宴饮时作《雪赋》。明太祖朱元璋也就是圣祖，有一次微服出行，信口作了一首《虹霓》诗："谁把青红线两条，和云和雨系天腰。"在一旁的彭友信恰好听到，随口把诗续上了："玉皇昨夜銮舆出，万里长空架彩桥。"皇帝大为高兴，次日任命他为布政使。

◎ 直播课堂

南朝谢惠连，系谢灵运族弟，与谢灵运、谢朓合称"三谢"。十岁能文，曾作《雪赋》云：岁将暮，时既昏。寒风积，愁云繁。梁王不悦，游于兔园。乃置旨酒，命宾友。召邹生，延枚叟。相如未至，居客之右。俄而微霰零，密雪下。王乃歌北风于卫诗，咏南山于周雅……嘉宾赋雪，即取梁孝王游兔园，曾宴请邹阳、枚乘、司马相如，见有雪落，乃令作赋的典故。

圣祖，指明太祖朱元璋。张岱《夜航船》中曾备述此典：彭友信以贡至京师，遇上微行，占《虹霓》诗二句云："谁把青红线两条，和云和雨系天腰。"命友信续之，应声曰："玉皇昨夜銮舆出，万里长空架彩桥。"上大悦，问其籍，命翌晨候于竹桥，同入朝。友信如言，候久不至，遂入朝。上召问故，以实对。上曰："此秀才有学有行。"遂授北平布政使。

邺仙秋水，宣圣春风

◎ 我是主持人

中国古代有一部重要的诗论叫《诗品》，其中有句："道不自器，与之圆方。"意思是，道只是一种抽象的存在，要靠具体的行动来赋予其具体的形态。厉害的人物总是用自己特有的方式来呈现道，李泌就做到了这点，无论是道家、儒家，还是释家的道，他都能将其转化为恰如其分的形态，这些形态之间又是相辅相成的，堪称完美。

◎ 原文

邺仙秋水，宣圣春风。

◎ 注释

邺仙：唐朝李泌。宣圣：孔子。

◎ 译文

唐朝的李泌七岁就能做文章，当时的文学家张九龄称他是自己的小友。诗人贺知章见到他说："此稚子目如秋水，必拜卿相。"唐玄宗听说后急忙召见他，并命令他与大臣张说观棋。张说试探他说："方若棋局，圆如棋子；动若棋生，静若棋死。"李泌即答道："方若行义，圆若用智；动若骋材，静若得意。"皇帝大为高兴。命李泌的家人"善视养之"。后来他官至宰相，被封为邺侯。因他生前好仙术，故称为邺仙。

孔子是春秋时鲁国人，西汉平帝时追尊孔子为"褒成宣尼公"，后人也称孔子为宣圣。

◎ 直播课堂

邺仙，指唐代李泌。李泌字长源，少而能文，历玄宗、肃宗、代宗、德宗数朝，官至宰相，封邺侯。因李泌好神仙之术，所以又称邺仙。《邺侯外传》曾载李泌：服气修道，周游名山。贺知章曾赞李泌：此子目如秋水，必当拜卿相。

宣圣即孔子。汉武帝曾问东方朔，孔颜之道德何胜？东方朔回答说：颜渊如桂馨一山；孔子如春风，至则万物生。汉平帝元始初年，追谥孔子为褒成宣尼公，此后孔子又被人称为宣圣、宣父、宣尼。

恺崇斗富，浑濬争功

◎ 我是主持人

晋武帝在伐吴开始时，命令王濬在杜预的指挥下进攻建平，到秣陵后，又让王濬受王浑的指挥，这时整个军队正按作战计划稳步推进。关键是这个时候，王濬以前的上司杜预来了一封信，让他迅速将吴国人民从水深火热之中救出来，也是千秋一壮举。王濬是聪明的，没有头脑发热立刻往前冲，而是把杜预的信呈给晋武帝。

◎ 原文

恺崇斗富，浑濬争功。

◎ 注释

恺、崇、浑、濬：这四位都是西晋时人，分别是王恺、石崇、王浑和王濬。

◎ 译文

　　晋代将军有个叫王恺的，散骑常侍是个叫石崇的人，这两个人常常比富，王恺用糖刷锅，石崇就用蜡烛当柴火做饭；王恺做了紫丝布步障，长度有四十里，石崇就作锦步障，大约长五十里，并用这个和王恺比较。晋武帝曾经赐给王恺一株珊瑚树，高三尺左右，枝干交错，世上罕见，王恺拿给石崇看，石崇便用铁如意把珊瑚树砸碎了。并且说："不足多恨，今还卿。"于是命令下人取出好几株珊瑚树，都有三四尺，让王恺挑选，算是赔偿他的。王浑是晋武帝的女婿，公元279年他和王濬一同率军攻吴王孙皓。王濬作战英勇果断，从武昌顺流而下，一举收复吴都建康，吴主孙皓归降。第二日，王浑才渡江，反而状告王濬不受节制。皇帝偏袒女婿，没有赏赐王濬。以后二人一直争功不止。

◎ 直播课堂

　　按《世说新语·汰侈》载，西晋石崇生活奢华，厕所布置有若官宦人家内室，姬妾身着锦缎。他与晋武帝的舅父王恺斗富，王恺拿晋武帝所赐珊瑚树向石崇炫耀，被石崇用铁如意砸碎。石崇又拿出六七株更好的珊瑚树，王恺见后，怅然自失。

　　《晋书》载，晋武帝女婿王浑与名将王濬争功不止。王濬有功，武帝派史者慰劳，王浑嫉妒，上奏武帝说王濬不听指挥。

王伦使虏，魏绛和戎

◎ 我是主持人

　　要认识王伦，首先要明白宋朝为什么灭亡。北宋被金朝所灭，南宋为元朝所灭，不是国力不行，而是战斗力不行，没抓住机会反击。王伦的身份是相当尴尬的。他是北宋一代贤相王旦的弟弟王勉的玄孙，当他出生的时候，家里已经很穷了，长大后的志向是做个扶危济困的侠客，可是经常帮倒忙，几次都差点入狱，曾在宋钦宗危急的时刻给予救援。北宋灭亡后，被派往金朝去探问被掳走的宋徽宗、宋钦宗。

◎ 原文
王伦使虏，魏绛和戎。

◎ 注释
王伦：南宋使臣。魏绛：春秋时期晋国人。

◎ 译文
王伦，字正道，南宋使臣。靖康元年，王伦向钦宗自荐维持汴京秩序。后多次出使金国，约定议和事宜。最后一次出使时，遭金国相逼，不降，终被金国勒死。死后追封为通议大夫，谥号愍节。春秋时鲁襄公四年，戎狄侵略晋国，晋侯将要出兵讨伐，大臣魏绛极力反对，他主张和戎，并提出和戎的五个好处，晋侯终于采纳了他的意见。

◎ 直播课堂
魏绛，又称魏庄子，系春秋时晋国八卿之一，执法严明。《左传》有载：（襄）公曰："然则莫如和戎乎？"（魏绛）对曰："和戎有五利焉：戎狄荐居，贵货易土，土可贾焉，一也。边鄙不耸，民狎其野，穑人成功，二也。戎狄事晋，四邻振动，诸侯威怀，三也。以德绥戎，师徒不勤，甲兵不顿，四也。鉴于后羿，而用德度，远至迩安，五也。君其图之！"公悦，使魏绛盟诸戎，修民事，田以时。这是说，和戎的话，可以利用游牧民族重视货物而轻视土地的态度，来发展贸易关系；如果没有战争的话，人民会安居乐土；戎狄与晋国交好，其他国家会对我们心存畏惧；和平局面下，不必消耗太多物资，晋国也可以休养生息，保存实力。前人的经验告诉我们，只有以德服人，才能够保持和平局面。晋国曾九会诸侯，这也是重用魏绛的结果。

恂留河内，何守关中

◎ 我是主持人

刘秀在平定河内以后，更始帝刘玄的部下朱鲔在洛阳率重兵驻扎，形成很大的威胁，此时刘秀非常需要一位能稳住后方的将领，以让自己无后顾之忧，可以全力去征讨燕国和代国。

◎ 原文

恂留河内，何守关中。

◎ 注释

恂：指寇恂。何：指萧何。

◎ 译文

汉代人寇恂，曾在刘秀手下为官。后来刘秀欲北上，大臣邓禹推荐让寇恂留守军营，用来巩固后方。于是刘秀就封拜寇恂为河内太守。寇恂一面筹饷支前，一面御敌来犯，为刘秀立下大功。萧何是西汉时沛人，做官到了丞相。楚汉相争的时候，萧何被刘邦留下镇守关中，并负责转给馈饷，萧何做得很好，刘邦的前线部队的军需丝毫没有缺乏。天下平定后，封萧何为酂侯。

◎ 直播课堂

寇恂，字子冀，上谷昌平（今北京）人，云台二十八将之一。刘秀南定河内后，任命寇恂为河内太守，行大将军事。《后汉书·寇恂列传》载，刘秀对寇恂说："河内完富，吾将因是而起。昔高祖留萧何镇关中，吾今

委公以河内，坚守转运，给足军粮，率厉士马，防遏它兵，勿令北度而已。"

萧何，沛县人，助刘邦起义。后刘邦为汉王，萧何为相。于汉惠帝二年卒，谥号"文终侯"。《史记·萧相国世家》载："汉二年，汉王与诸侯击楚，何守关中，侍太子，治栎阳。"

曾除丁谓，皓折贾充

◎ **我是主持人**

丁谓还是低估了王曾。王曾何许人也？他是北宋第27位状元，而且是在乡试、会试、廷试中全拿第一，连中三元，这样的考试天才在古代也是非常罕见的。王曾，不仅学习好，当官更是负责到底。

◎ **原文**

曾除丁谓，皓折贾充。

◎ **注释**

曾：指王曾。皓：指三国时期孙皓。

◎ **译文**

王曾是宋朝直言敢谏的大臣，居宰相多年。丁谓为人奸猾诡诈，也在朝廷做官。宋真宗死后，仁宗继位，王曾指出："权柄归宦官，祸端兆矣！"后丁谓与雷允擅自转移皇陵，并隐情不报，经王曾察明真相，雷允被处死，丁谓获罪。孙皓是三国时吴国的末代皇帝，吴国在公元280年为晋所灭。贾充开始在魏国做官后来又去晋国做官。孙皓降晋后，贾充指责孙皓在吴国曾对人用酷刑，孙皓说那是对待奸诈不忠的人的，贾充很惭愧。

◎ 直播课堂

王曾，字孝先，宋真宗咸平五年壬寅科状元。时有丁谓阿谀奉承，排挤贤臣。后因擅自移动皇陵位置被王曾制罪。《续资治通鉴》载："欲得天下宁，当拔眼中钉。"钉即丁谓。

孙皓，字元宗，三国时期东吴第四任，亦是最后一任君主，为人残暴，喜活剥人的脸皮。吴国最后为晋所灭。贾充反复无常，最初事魏国，后来事晋国。孙皓降晋后，贾充责骂孙皓对他曾使用过酷刑，孙皓回答，酷刑是专门对付奸诈小人的。

田骄贫贱，赵别雌雄

◎ 我是主持人

《后汉书》载，东汉赵温曾云："大丈夫当雄飞，安能雌伏"，于是弃官而去。就是说：大丈夫应该有所作为，不能甘居人下，没有进取精神。

◎ 原文

田骄贫贱，赵别雌雄。

◎ 注释

田：指春秋时期的田子方。赵：指东汉末年的赵温。

◎ 译文

田子方，曾在魏文侯手下为军师。一次太子击与他在路上相遇，太子下车很恭敬地问候，子方却不还礼，太子击生气地说："富贵者骄人乎？贫贱者骄人乎？"子方说："亦贫贱者骄人耳，富贵者安敢骄人？国君而骄人，则失其国；大夫而骄人，则失其家；夫士贫贱者，言不用行不合，则纳履而去，安往而不得贫贱哉！"东汉时期的赵温，做京兆郡丞的官职，曾经感叹说："大丈夫当雄飞，安能雌伏！"所以就辞去安逸的官职，自己闯荡去了。

◎ 直播课堂

田骄贫贱的故事，取自《史记·魏世家》，文曰："子击逢文侯之师田子方於朝歌，引车避，下谒。田子方不为礼。子击因问曰：'富贵者骄人乎？且贫贱者骄人乎？'子方曰：'亦贫贱者骄人耳。夫诸侯而骄人则失其国，大夫而骄人则失其家。贫贱者，行不合，言不用，则去之楚越，若脱躧（xǐ，这里指草鞋）然，奈何其同之哉！'子击不怿而去。"

《史记》中的故事是说：魏击于路上遇到国师田子方，下车行礼后，田子方却不回礼。于是魏击问他："是富贵之人可对人骄傲，还是贫贱之人可对人骄傲？"魏击是魏文侯之子，自然称得上富贵之人。田子方却只是一方谋士而已。田子方回答：是贫贱之人可对人骄傲。假如诸侯骄傲的话，会失去一个国家。大夫骄傲的话就会失去家。没有国，人们不会称他为君主，没有家，人们不会称他为家主。而贫贱之人，就算行为有所差错，一言不合，说走就走，就像脱掉鞋子一样方便。魏击听到此话，告罪而去。

王戎简要，裴楷清通

◎ 我是主持人

王戎是晋代的官员，晋武帝时选拔吏部尚书，征询大臣钟会的意见。钟会说："王戎简要，裴楷清通。可当此任。"所以就以王戎和裴楷二人为吏部郎。

◎ 原文

王戎简要，裴楷清通。

◎ 注释

简要：简明切要。清：容仪俊爽。

◎ 译文

王戎为人处世简明切要、不拘成法，裴楷明悟有识量。

◎ 直播课堂

王戎，字浚冲，为"竹林七贤"（晋代七位名士：阮籍、嵇康、山涛、刘伶、阮咸、向秀和王戎）中之异类，为人处世简明切要，不拘成法，性格外露，悭吝贪鄙，苟媚取宠，热衷名利。母亲死时，他不遵礼制，饮酒吃肉，观棋对弈，但容貌毁悴，杖而后起；又因女婿借几万钱而对女儿面色不愉；与堂侄寿时仅赠一单衣，竟于事后要还，可见其刻薄。然少时聪慧，"年六七岁，于宣武场观戏，猛兽在槛中虓吼震地，众皆奔走，戎独立不动，神色自若"；又"与群儿嬉于道侧，见李树多实，等辈竞趣之，戎独不往。或问其故，戎曰：'树在道边而多子，必苦李也。'"其人颇具经济头脑。

裴楷字叔则，河东闻喜（今山西闻喜）人。楷明悟有识量，弱冠知名，尤精《老》《易》，少与王戎齐名。

子尼名士，少逸神童

◎ 我是主持人

王尔德说，早熟就是十全十美。西方也有谚语：晚到的成功，已非天赐。袁枚《随园诗话》："云开晚霁终殊旦，菊吐秋芳已负春。"临近傍晚的时候乌云才散去，虽然还能看到一片天光，但和早晨的光华喷薄已不同；秋天了，菊花展露出清丽动人的姿容，但毕竟已经辜负春天的美意了，阳春三月的时候，为何不见芳踪。历经磨难的人们，在享用成功喜悦的时候，总是有些紧张，兴奋和激动的背后往往是怅惘和静谧。

◎ 原文

子尼名士，少逸神童。

◎ 注释

子尼：晋人蔡克的字。少逸：指宋代刘少逸。

◎ 译文

子尼是晋代陈国留考城人，有一次王澄路过陈留，打听这个地方的名士有哪些人，官吏说："有蔡子尼、江应元。"当时郡人中有很多居高位的人，王澄问："为什么说只有此二人？"官吏说："君侯问人，不谓问位。"刘少逸是北宋人，十一岁的时候，写文章就文辞精敏。他的老师潘闻带领他拜见大文人王元之、罗思纯。两位文人就做对联试探他。罗思纯说："无风烟焰直。"少逸对道："有月竹阴寒。"又出题说："日移竹影侵棋局。"少逸说："风送花香入酒卮。"元之曰："风雨江城暮。"少逸曰："波涛海寺秋。"又曰："一回酒渴思吞海。"少逸曰："几度诗狂欲上天。"两个人很惊讶。于是报告朝廷，朝廷赐少逸为进士。

◎ 直播课堂

中国人才辈出，神童辈出。中国人好像历来就有神童情结，对神童的态度也是近乎崇拜的。但是，看看中国历史上这么多的神童，没有几位能做出一番事业的。真的是"盛名之下，其实难副"，也当真是"小时了了，大未必佳"。是什么造成了这些神童天才夭折的呢？这不得不让为人父母者和为师者深思了。

当然，历代被推崇的神童的类型也是不同的，从开始的"君王型"（黄帝）、谋略型（甘罗）到后来的"尚文型"，但是可以肯定的一点是过分推崇神童，刻意选拔神童都是违背幼儿教育规律的。从汉代直至清朝都曾设立童子科（汉代称童子郎）。虽然清朝时候童子科被取消，但是对神童的推崇却从未消减，而近年神童教育亦有抬头的趋势，联想到历史上的神童"案"，不得不令人感到忧虑。

巨伯高谊，许叔阴功

◎ **我是主持人**

"巨伯高谊"这则故事来自《世说新语·德行第一》第九条。有学者曾指出：荀巨伯是东汉时候的人，家在许州，即今天的河南许昌，至于荀巨伯的这位朋友是谁，已无从考证。

◎ **原文**

巨伯高谊，许叔阴功。

◎ **注释**

巨伯：指汉代荀巨伯。许叔：指北宋许叔微。

◎ **译文**

荀巨伯，东汉人氏。看望生病的友人，正值胡贼围攻这里，巨伯不愿败坏德行义气而弃友求生。胡贼至后，听说这样的事后，被巨伯感动，遂率兵撤退。

许叔微，字知可，号近泉，北宋人。屡屡考试而不中，遂弃儒从医。许叔微医术高超，一次做梦，有神人告诉他，因为他救死扶伤，素有阴功，特赐他为官。绍兴二年许叔微果然考中进士。

◎ **直播课堂**

《世说新语》记载：汉代人荀巨伯探望生病友人的路上，碰上有强盗攻打他友人的城郡，朋友说："吾今死矣，子可去。"巨伯曰："远来相视，于今吾去，败义以求生，岂荀巨伯所行者！"这时，强盗看到了他们，说：

"大军至，一郡尽空，汝何止？"巨伯曰："友人有疾，不忍委之，愿以身代其死。"强盗说："我辈无义而害有义，不可。"然后就离开了。宋代有个叫许叔微的人，对儒家典籍和历史著作很精通，并精通医术，建炎初年，瘟疫流行，许叔微走街串巷，治好不少人。梦神特别感动，说："上帝以汝阴功，赐汝以官。"所以就留下这样的语句："药市收功，陈楼间阻。堂上呼卢，喝六作五。"后来许叔微考科举中了第六名，皇帝见到那句话将他改为第五名。

代雨李靖，止雹王崇

◎ 我是主持人

汉朝是特别注重孝道的，并将其理解为儒家的核心。古人通过对父母的尊敬和热爱，来表达对君主的忠心和服从，这在当时的历史情景下，是可以理解的。如何诠释孝心，古人又有许多书籍和资料来指导，这其中，《二十四孝图》和《孝经》比较具有代表性，当然，我们需要辩证地看待，取其精华，弃其糟粕。

◎ 原文

代雨李靖，止雹王崇。

◎ 注释

李靖：唐代军事家。王崇：汉代孝子。

◎ 译文

相传李靖未入仕途之前，曾经出去打猎，夜晚寄宿于一个农户家。半夜有妇人叫门，告诉李靖她是龙母，因为儿子外出，希望李靖代为行雨。李靖行完雨后，见自己家乡土地干枯，又向那里多滴了几滴，并把这件事告诉了老妇人。老妇人说：君无家矣。

王崇，汉代人。相传王崇丧亲，哀痛不止。时六月，有冰雹下，周围人家畜生庄稼尽死，独王崇畜生庄稼得生。

◎ 直播课堂

如果说，善待荀巨伯的山贼在世间或许还有存在的可能，那么许叔微、李靖和王崇的故事就完全是虚构的了。鬼神降临的故事也充斥于古代的书籍，大多宣扬的是"善有善报"的思想。

和凝衣钵，仁杰药笼

◎ 我是主持人

元行冲在狄仁杰的推荐下，曾先后担任陕州刺史、太常少卿等职位，颇受重用，但他主要还是以学者的身份出现的。他的祖上来自南北朝时期的北魏，到唐朝的时候，北魏还没有编年史，元行冲就着手撰写那段历史，名为《魏典》，共三十卷，这部书记录翔实，文笔又很简省，备受当时学者的称赞。

◎ 原文

和凝衣钵，仁杰药笼。

◎ 注释

和凝：字成绩，五代词人。仁杰：指唐朝狄仁杰。

◎ 译文

和凝，五代时文学家，法医学家，中进士时名列第十三名。后来和凝主持考试，看到范质也名列第十三名。于是和凝对范质说："君之文宜冠多士，屈居第十三者，欲君传老夫衣钵耳。"

狄仁杰，唐代名相。武则天曾赐其紫袍龟带，亲书：敷政术，守清勤，升显位，励相臣。《旧唐书》载，元澹曾对狄仁杰说，"下之事上，亦犹蓄聚以自资也。譬贵家储积，则脯腊膎（xié，二声，意为肉食）胰以供滋膳，参术芝桂以防疴疾。伏想门下宾客，堪充旨味者多，愿以小人备一药物。"仁杰笑而谓人曰："此吾药笼中物，何可一日无也！"就是说，地位低的人服侍地位高的人，就像储备物资一样。您这里药物美食已经很多了，小人愿意再充当一味药物。狄仁杰说，你正是我药笼中的东西，一日都不可缺少。

◎ 直播课堂

前辈如何提携后辈？一般的是前辈和长辈为了替后辈清障、铺路而穷尽自己的力量。究竟是好是坏，无法评说。但是需要注意尺度和方式，事无巨细的安排，不允许任何偏离自己设定轨道的情况存在，只怕是弊远远大于利的。

义伦清节，展获和风

◎ 我是主持人

沈义伦早年在洛阳附近的嵩山和洛水畔求学，对三礼（《周礼》《仪礼》和《礼记》）有深入的认识和学习，后来就以传授这方面的知识为生。他是清廉自守的人，后来在跟随赵匡胤南征北讨之中，能够稳住后方，就像汉朝的萧何。

◎ 原文

义伦清节，展获和风。

◎ 注释

义伦：指北宋沈义伦。展获：指春秋时期展禽。

◎ 译文

沈义伦是宋代人，宋太祖赵匡胤令他随军入蜀，他常常一个人居住并食用普通蔬菜。等到从东方回来时，他筐中只有图书数卷而已。赵匡胤询问大臣曹彬，才知道沈义伦是个清廉的人，提升为枢密副史。展获是春秋时鲁国大夫，在柳树下居住，他去世后，他的门生打算很排场地祭祀一回，但他的妻子说："你们谁能比我更了解你们的恩师呢？你们只听过他谆谆教诲，却没见过他的内心世界。他从来都是不肯与人交恶，从来都是以诚挚待人，从来没有一个私下的敌人，连政坛上一直对峙的敌人都很尊敬他，他性情和顺内藏坚毅，刚柔并济又炉火纯青，侥幸有机会拯救黎民于水火便不顾自己的得失安危。虽然曾经三次遭到罢黜，却从不自甘堕落。"

◎ 直播课堂

沈义伦，北宋开国功臣，为避赵光义名讳而改名为沈伦。他行为检点，高风亮节，两袖清风。《宋史·沈伦传》载：（义伦）在相位日，值岁饥，乡人假粟者皆与之。殆至千斛，岁余尽焚其券。

展禽，名获，字季，春秋鲁国人。封地在柳下，惠是他的谥号，所以后人尊其为柳下惠。展禽坐怀不乱的故事流传已久，被人们认为是传统道德的典范。《孟子》云：柳下惠，圣之和者也。

占风令尹，辩日儿童

◎ 我是主持人

困扰两个孩子的问题，其实与地球大气层紧密相关。我们的地球由一层厚厚的大气包裹，当阳光穿越大气层的时候，会产生折射，所以太阳看

起来才会与实际大小不同。早上的时候，太阳光穿过的大气层最厚，折射率很大，所以我们眼中的太阳那么大。中午正好相反。可见，孩子有时并不是懵懂的，相反，他们经常成为智慧的代言人。

◎ 原文

占风令尹，辩日儿童。

◎ 注释

令尹：周朝守函谷关的官吏。

◎ 译文

老子西游到函谷关时，关令尹喜望见有紫气浮在关上，仔细看时发现老子果然乘青牛而过。孔子东游时，见两个小孩在争辩。就问原因，一个小孩说："我认为日出时离人近，而日中时远也。"另一个小孩说："日出时离人远，而日中近也。"第一个小孩说："日初出大如车盖，日中则如盘子一样，这不就说明远者小而近者大吗？"第二个小孩说："日初出感觉特别凉快，日中如在热汤中一样，这不就说明近者热而远者凉吗？"孔子不能回答。两儿笑曰："谁说你多智？"

◎ 直播课堂

尹喜，字公文。精通历法，善察天象，兼习占卜。周昭王二十三年，尹喜自请任函谷关令尹。某日占卜风向，知有圣人将行至此地。后来老子果然骑牛而至，尹喜请老子作《道德经》五千言。尹喜著有《关尹子》一书。

《列子》载：有两小儿辩日的故事，流传广泛。故事以两小儿辩论时各自片面看问题，永远得不到结论，由孔子的不知而结束。

敝履东郭，粗服张融

◎ **我是主持人**

《南史》记载："融形貌短丑，精神清彻。"他显然不是帅哥，但所思所言所行均出人意表，既讲义气，又很调皮，正如齐高帝指出："此人不可无一，不可有二。"

◎ **原文**

敝履东郭，粗服张融。

◎ **注释**

东郭：指汉武帝时期的东郭先生。张融：齐国大臣。

◎ **译文**

汉武帝时有个东郭先生，贫困饥寒，在雪中行走，鞋只有帮而没有鞋底，脚踏在地上。路人笑之，他自己却逍遥自在。张融是南齐吴郡吴县人。齐高帝曾下诏赐衣服给他，说："见卿衣服粗敝，诚乃素怀有本。过尔褴褛，也让朝廷颜面不好。今送一身旧衣服，却比新的还好。因为这是我穿过的，现在已经让人按你的身材缝改好了。"

◎ **直播课堂**

此东郭并非救狼的彼东郭。《史记·滑稽列传》有载，方士东郭先生为卫青出谋划策，汉武帝知晓后决定授予他东海郡都尉之职。此前东郭先生一直等待汉武帝诏见，因为贫困而寒冷苦顿。他在雪中行走，鞋子只有面，没有底。路人笑他，他却逍遥自在。李白《赠宣城赵太守悦》有句：

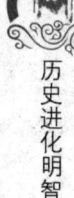

自笑东郭履，侧惭狐白温。

张融，南朝齐人。张融生活俭朴，以至衣服破旧不堪。齐高帝认为有失威严，乃赐旧衣一套。《南齐书·列传第二十二》有载其事。

卢杞除患，彭宠言功

◎ **我是主持人**

卢杞出生在世家。他的祖父卢怀慎是唐玄宗年间的宰相，这位宰相清廉自正，为后人尊重；他的大伯是卢奂，历任中书舍人、御史中丞和陕州刺史，亦是一身清白，唐玄宗曾亲笔题书"斯为国宝，不坠家风"，以示嘉奖。但事实上卢杞为人极坏，新旧《唐书》皆将他列入《奸臣传》。

◎ **原文**

卢杞除患，彭宠言功。

◎ **注释**

患：指官猪。是古代地方上专门为皇宫特供的物资，又有官牛、官马、官船等。

◎ **译文**

卢杞是唐代人。为虢州刺史时，上疏称：虢州有官家野猪三千，是百姓生活的隐患。唐德宗说："把它们赶往其他地方。"杞曰："其他地方也有皇上的百姓啊，我的意思是这些猪吃了最方便。"皇帝说："守着自己的城池，同时也考虑其他的人，他是个宰相的材料。"就下旨将猪送给当地百姓吃。彭宠是东汉人，担任渔阳太守。当年光武帝讨伐王郎的时候，彭宠负责为军队运粮，而且做得很好，他就自负有功，特别得意。大臣朱浮就写信给他说："辽东的猪，自古都是黑色的。一次居然产下一头白猪，人们感到惊奇，就打算献给上面的官员。到了河东，才发现那里成群的猪全是白色的，于是人们惭愧地回来了。如果以你的功劳与朝廷相比较，就好像辽东的白猪与成群的白猪比较。"

◎ 直播课堂

卢杞，字子良，唐朝人。为人险诈。《旧唐书》载："及杞为相，讽上以刑名整齐天下。故天下无贤不肖，视杞如仇。袁高执奏曰：'卢杞为政，极恣凶恶，三军将校，愿食其肉，百辟卿士，嫉之若仇。'"

彭宠，字伯通，东汉人。《后汉书》载："及王郎死，光武追铜马，北至蓟。宠上谒，自负其功，意望甚高，光武接之不能满，以此怀不平。光武知之，以问幽州牧朱浮。浮对曰：'前吴汉北发兵时，大王遗宠以所服剑，又倚以为北道主人。宠谓至当迎合握手，交欢并坐。今既不然，所以失望。'浮因曰：'王莽为宰衡时，甄丰旦夕入谋议，时人语曰：夜半客，甄长伯。及莽篡位后，丰意不平，卒以诛死。'光武大笑，以为不至于此。及即位，吴汉、王梁，宠之所遣，并为三公，而宠独无所加，愈怏怏不得志。叹曰：'我功当为王；但尔者，陛下忘我邪。'"

放歌渔者，鼓枻诗翁

◎ 我是主持人

关于崔铉，以《旧唐书》和《太平广记》所记为多，其中，《太平广记》又比《旧唐书》丰富，崔铉曾在唐武宗年间担任过宰相，唐宣宗在一次设宴款待几位近臣时讲道："七载秉钧调四序"，就是对他的称赏，当时的儒士认为这是极大的荣耀。崔铉在武宗、宣宗、懿宗三朝均担任过重要职务，虽然也因与李德裕不和而被贬，但仕途总的来说是比较顺的。

◎ 原文

放歌渔者，鼓枻诗翁。

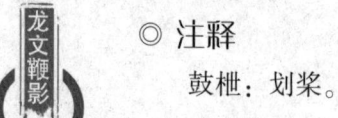

◎ 注释

鼓枻：划桨。

◎ 译文

唐朝时有个叫崔铉的，是江陵守官。有个楚江钓鱼的人，人们不知道他的姓氏，曾垂钓于楚江，得渔就换酒，而且特别爱大声唱歌。人们问他："你是钓鱼的隐士吗？"回答说："姜子牙、严子陵是隐者，殊不知他们钓的是名利。"然后就离开了，留下崔铉在那里兀自站着。宋朝的卓彦恭曾经路过洞庭，在月下泛舟，一个老翁把船靠在他旁边，卓彦恭问有鱼没有，老翁答："无鱼有诗。"于是就以敲船舷为节拍歌唱道："八十沧浪一老翁，芦花江上水连空。世间多少乘除事，良夜月明收钓筒。"卓彦恭问老人的姓名，老人不回答自己离开了。

◎ 直播课堂

鼓枻而歌的，还有《楚辞》里的渔夫。其中写道，屈原被流放后，憔悴不堪，渔夫于是就问："你不就是三闾大夫吗？怎么到这步田地了？"屈原回答："举世皆浊我独清，众人皆醉我独醒，所以被流放了。"渔夫看了看浩荡的江水，说道："圣人是不会被外物所牵累的，与世浮沉，岂不逍遥，何苦深思高举，令人嫉妒？"屈原于是回答："听说刚洗完澡的人，必使身上的衣饰整洁，我同样不愿将自己置于世俗的尘埃中，就算葬身鱼腹，也不改变！"渔夫听后微微一笑，唱着歌，摇起船桨远去了，那歌词是："沧浪的水要是清啊，就可以用来洗我的帽缨子，沧浪的水要是浑啊，就可以用来洗我的脚丫子。"歌声渐远，只留下屈原伫立在岸边。

韦文朱武，阳孝尊忠

◎ 我是主持人

吕思勉在《中国通史》中认为："东晋时的五胡十六国，实在并不成其为一个国家，所以其根基并不稳固"，事实正是如此，连年的战事让生产不能得到恢复，民心也难以维系。只有统一才能使各项事业有序地进行，在五胡十六国中，苻坚执政的前秦时期，具有了种种统一的气象，但因为时代与个人的原因，这希望也渐渐地消弭了。

◎ 原文

韦文朱武，阳孝尊忠。

◎ 注释

韦文：秦韦逞之母。朱武：晋朱序之母。

◎ 译文

前秦苻坚巡视太学，见《周礼》没有人讲授，太常博士卢壶就推荐韦逞的母亲宋氏来讲。苻坚答应了，当时女子不适合出头露面，于是宋氏就在家中建立讲堂，招收学生一百三十人，隔着绛纱帐讲课。宋氏被称为文君。晋代时朱序镇守襄阳，遇苻坚派苻丕来进攻，朱序的母亲韩氏亲自登城巡视，告诫说西北角当先受敌，就率领百余婢女及城中的女丁，在西北角筑新城二十余丈。贼人进攻西北角，朱序部众据新城坚守，贼人溃退，襄人称此城为夫人城。汉代王阳担任益州刺史，走到九折坂险道，说："我的身体是祖先给我的，怎么能经过这么危险的地方呢？"于是返回。后来，王尊担任益州刺史，办理公务走到九折坂时，说："这里不是王阳所惧怕的险道吗？"于是呵斥车马冲过去。后世人称王阳为孝子，王尊为忠臣。

◎ 直播课堂

韦文：韦逞之母宋氏，生于前秦时儒学大家中。宋氏幼年丧母，由父亲抚养长大，在父亲的熏陶下对《周官》产生浓厚兴趣，生子韦逞后也一刻不息。后其子韦逞官至太常（古代朝廷掌宗庙礼仪之官）。前秦君主苻坚视察太学时，因未开设礼乐这门课程而深感遗憾，博士卢壶推荐年龄已八十岁的宋氏，苻坚大悦，请宋氏在家中开设学堂，选派一百多名学生跟随她学习，并赐宋氏为宣文君。宋氏也是中国历史上第一位女博士，即当时古代专掌经学传授的学官。

朱武：晋朱序之母。苻坚派苻丕、慕容垂率十余万人攻打襄阳，时朱序正镇守此地。其母韩氏亲自领婢女及城中女丁登城应战，于西北角筑新城二十余丈。苻丕进攻西北角时，朱序于新城坚守，终于使苻丕溃败。襄阳百姓遂称此城为"夫人城"。

王阳、王尊，皆汉代人。王阳赴益州为刺史，行到邛崃九折坂时，见到道路艰险，叹道："奉先人遗体，奈何数乘此险。"至王尊任益州刺史，经九折坂时，问身边官吏："这就是王阳所畏惧的道路吗？"得到肯定答复后，王尊下令驱车，说："王阳为孝子，王尊为忠臣。"

倚闾贾母，投阁扬雄

◎ 我是主持人

我敬扬雄之处，在于他晚年时所说，作赋乃"童子雕虫篆刻"。童子行径，纯系天机，信手就成，浑圆质朴。至于扬雄投阁之事，却颇令人费些猜疑。《三国演义》借诸葛亮之口，说其为小人之儒，"文章名世，而屈身事莽，不免投阁而死，此所谓小人之儒也；虽日赋万言，亦何取哉"，深以为然。

◎ 原文

倚闾贾母，投阁扬雄。

◎ 注释

闾：指里巷的大门。

◎ 译文

战国时齐国王孙贾的母亲，人称贾母。王孙贾侍奉齐闵王，齐国被淖齿这个人祸乱，闵王出逃。王孙贾不知闵王在哪里，贾母说："你早晨出去晚上回来我会靠在门口张望你，你晚上出去不回来，我也会爬在窗户上张望你，现在闵王逃走了，你不知道他去了哪里，怎么能回家？"王孙贾于是率国人杀掉淖齿，立闵王的儿子，齐国得到了安定。扬雄是西汉文学家。王莽时扬雄的门人刘芬因符命获罪，被流放，扬雄正在天禄阁校书，怕被株连，就从阁上跳下，几乎摔死。当时人说他："惟寂寞自投阁。"

◎ 直播课堂

倚闾贾母，出自《战国策》：王孙贾年十五，事闵王。王出走，失王之处。其母曰："女朝出而晚来，则吾倚门而望；女暮出而不还，则吾倚闾而望。女今事王，王出走，女不知其处，女尚何归？"王孙贾乃入市中，曰："淖齿乱七国，杀闵王，欲与我诛者，袒右！"市人从者四百人，与之诛淖齿，刺而杀之。

扬雄，字子云，西汉学者。王莽称帝后，扬雄在天禄阁校书。因为门人犯罪被流放，怕累及自己，因此欲跳阁自杀。未死，后召为大夫。

梁姬值虎，冯后当熊

◎ 我是主持人

若读梁红玉，自当肃然郑重；若读冯后当熊，却总觉得她心机颇深。政治风云变幻，朝夕之间天壤之别。后宫争斗亦是如此。有名的，譬如武则天、慈禧等，手上无不沾有淋淋鲜血。冯氏与其相比，还算纯良。但心机殊深之处，又不得人喜。

◎ 原文

梁姬值虎，冯后当熊。

◎ 注释

梁姬：指梁红玉。冯后：汉元帝的妃子。

◎ 译文

梁姬是宋代大将韩世忠的夫人梁氏，野史中称其为梁红玉。梁氏沦落风尘之时，见廊间有虎卧，心中害怕而走。不久其他人赶到，梁氏复往视之，才发现原来是睡着的兵卒。询问他的姓名后，得知是韩世忠。梁氏乃自赎其身，为韩世忠妾氏。后韩世忠原配白氏卒，扶为正妻。冯后是汉元帝的妃子，汉元帝喜欢游虎圈，冯婕妤（也就是冯后）、傅婕妤相随。突然跑出一头熊，傅婕妤惊走，而冯婕妤用身体挡住熊，皇帝问她为什么不怕，她说："妾恐熊至御座，故以身挡之。"由此得宠。

◎ 直播课堂

梁红玉虽出身风尘，却能慧眼识英雄。单只是自赎其身为韩世忠妾一事，便已使人惊心动魄。况还有飞马传召平叛乱、亲操桴鼓等种种逸事。后世口头相传、书本记载、戏曲演绎，无一不对梁红玉倍加赞赏，称道有加。《英烈夫人祠记》有云："梁氏，娼优异数也。以卑贱待罪之躯，而得慧眼识人之明。更纵横天下，争锋江淮，收豪杰，揽英雄，内平叛逆，外御强仇，挽狂澜于既倒，扶大厦于将倾，古今女子，唯此一人也。惜乎天不假年，死于非命。然青史斑斑，名节永垂。"诚哉斯言。

冯后：冯媛，汉元帝妃子。《汉书·孝元冯昭仪传》有载：（冯）初为婕妤，上幸虎圈斗兽。熊逸出圈，攀槛欲上。冯婕妤直前，当熊而立。上问："人情惊惧，何故前当熊？"对曰："猛兽得人而止，妾恐熊至御座，故以身当之。"汉元帝身边，自有护卫，实不必她挺身而出，装模作样。放在现代来看，冯氏就是谋时谋机得当、博弈成功的典型。或有人说，她真心爱护汉元帝，因此才临危不惧。客观讲那也可能，世间的事，总有千千万万种可能。然而我实在不能怜惜她，纵她后来被傅后诬以"诅咒罪"而自杀，也觉得无非是因果报应。话又说回，总体公正来看，冯媛身处后宫，处处刀镰，也属不易。斯事见仁见智罢了。

罗敷陌上，通德宫中

◎ **我是主持人**

宋刘克庄有诗写樊通德："妆束姑随世，风流亦动人。等闲拥髻语，千载尚如新。"最后一句催人泪下。

◎ **原文**

罗敷陌上，通德宫中。

◎ **注释**

罗敷：秦氏美女，作有《陌上桑》。通德：指樊通德，作有《飞燕外传》。

◎ 译文

罗敷是汉代王仁的妻子秦罗敷,她原是邯郸的美女。王仁为赵王家令,罗敷在山野采桑,赵王登台看见她,想占有她,罗敷作《陌上桑》以自明,后来嫁给王仁。樊通德是汉代伶玄之妾,曾为赵飞燕使女,知道很多宫中皇家的事情,每与其夫谈及宫中发生在飞燕身上的惨事,就凄然泪下。后她的丈夫据她所述,写成《飞燕外传》。

◎ 直播课堂

奇哉罗敷,贫贱不移,威武不屈。多数人读《汉乐府集》时,恰是少年,当时许多内容生记硬背,其内涵却所知浅浅。至如今重理旧书,再读《陌上桑》,难免忍不住为罗敷拍案叫好。"头上倭堕髻,耳中明月珠。缃绮为下裙,紫绮为上襦。行者见罗敷,下担捋髭须。少年见罗敷,脱帽着帩头。耕者忘其犁,锄者忘其锄,来归相怨怒,但坐观罗敷",这几句写尽罗敷外表美好;"东方千余骑,夫婿居上头。何用识夫婿,白马从骊驹。青丝系马尾,黄金络马头。腰中鹿卢剑,可值千万余。十五府小吏,二十朝大夫,三十侍中郎,四十专城居。为人洁白皙,鬑鬑颇有须。盈盈公府步,冉冉府中趋。坐中数千人,皆言夫婿殊"这几句写尽夫君美好。夫妻恩爱,不容叫赵王不惭,更不容后人不为之所动。

第二章
与人为善，师德宽容

与人为善是中华民族的传统美德，是和谐社会的润滑剂。人生之路漫漫，我们要始终坚持与人为善的原则，只有做到与人为善，我们才能处理好人际关系。

汉称七制，唐羡三宗

◎ **我是主持人**

七制三宗，有开朝辟地之功者，有雄居天下之功者，有中兴国业之功者，有开创盛世之功者。凡此十帝，宁不令人神思悠悠。

◎ **原文**

汉称七制，唐羡三宗。

◎ **注释**

七制：七位有作为的皇帝。

◎ **译文**

西汉高祖刘邦、文帝刘恒、武帝刘彻、宣帝刘询、东汉光武帝刘秀、明帝刘庄、章帝刘炟，各有作为，乃称七制。唐太宗李世民、玄宗李隆基、宪宗李纯，皆系明君，并为三宗。

◎ **直播课堂**

汉代前后共经历了二十五帝。西汉自高帝以下有文、武、宣，东汉自光武帝以下有明、章，其余的官职没有具体的称呼。所以，河汾人王通，曾以七制断之。唐太宗李世民，平定隋朝的战乱，奠定国基，由于政治清明，百姓富饶，有贞观之治；唐玄宗李隆基，除掉了祸乱宫廷的韦后，励精图治，有开元、天宝盛世；唐宪宗李纯革除积弊，削平藩镇，唐威复振。

杲卿断舌，高祖伤胸

◎ 我是主持人
文天祥有一首诗讲颜杲卿："常山义旗奋，范阳哽咽喉。明雏一狼狈，六飞入西川。哥舒降且拜，公舌膏戈铤。人世谁无死，公死千万年。"这首诗高度赞扬了颜杲卿的义节气魄，以及他宁死不屈的高贵品质。在妇孺皆知的《正气歌》中，文天祥也有记载颜杲卿的事迹："为颜常山舌。"

◎ 原文
杲卿断舌，高祖伤胸。

◎ 注释
杲卿：唐朝颜杲卿。

◎ 译文
唐玄宗天宝年间颜杲卿任常山太守，安史之乱时被贼人所擒，颜杲卿骂喊不屈，被贼人断舌而死。汉高祖刘邦在楚汉战争中与项羽在广武间对话，项羽怒而放弩射中刘邦胸部，刘邦为了不动摇军心，按住脚说："射中了我的脚趾。"

◎ 直播课堂
颜杲卿，陕西西安人氏，与颜真卿同宗。唐玄宗天宝年间，时颜杲卿任常山太守。安禄山围攻常山，捉住颜杲卿的儿子季明，以迫使颜杲卿投降。颜杲卿不降，导致其子被杀。后城破，颜杲卿被擒，犹自破口大骂，被安禄山断舌而死。

颜杲卿自起兵至失败,虽然只是短短十几日内发生的事。但他的顽强与反抗精神,却令更多的人敢于站出来抗击叛军。一千多年后再复提及,只愿贞魂不堕,烈魄长存。盖今日之人,利欲熏心者多,卿卿之大忠大义,不折不从反成无道也。摇头叹息,竟至无语。

魏公切直,师德宽容

◎ **我是主持人**

《新唐书》中,还载有娄师德的另一件逸事。娄师德向武则天推荐狄仁杰,但狄仁杰对此事毫不知晓。他认为娄师德不如自己,一直看不起他。武则天察觉到后,与狄仁杰对话,问他娄师德贤明与否。狄仁杰答:"为将谨守,贤则不知。"武则天又问:"知人乎。"狄仁杰答:"臣尝同僚,未闻其知人。"因是,武则天告诉狄仁杰,正是娄师德向自己推荐了他。狄仁杰乃叹道:"娄公盛德,我为所容乃不知,吾不逮远矣。"

◎ **原文**

魏公切直,师德宽容。

◎ **注释**

魏公:指北宋韩琦。师德:武则天时期的宰相。

◎ **译文**

宋代韩琦,被封为魏国公。多次上疏皇帝,以"明得失、正纪纲、亲忠直、远邪佞为急,前后七十余疏"。被誉为"切而不迂"。娄师德是唐武则天时的宰相。曾告诫其弟要让"唾面自干",为了避免与人结怨不要擦干。

◎ 直播课堂

　　魏公，即北宋政治家、名将韩琦。为人端重寡言，不好嬉弄。性纯一，无邪趣，学问过人。韩琦年不足二十岁，已考中进士。至治平元年，为右仆射，封魏国公。韩琦敢于直谏，"凡事有不便，未尝不言，每以明得失、正纪纲、亲忠臣、远邪佞为急"。

　　韩琦是贤臣，欧阳修亦说他临大事、决大义，重绅正笏，不动声色，措天下于泰山之安，可谓社稷之臣。但贤臣未必是贤人，自古文人相轻，苏东坡便是在韩琦百般打压下不得施展抱负。况在王安石变法一事上，韩琦与之百般缠辩，成为因循守旧、不思变革之徒。外事争纷尤是如此，韩琦奏请神宗去掉新法，以换取边界的短暂安宁。目光浅短处，令人扼腕。

　　娄师德，武则天时为相，为人宽容。《新唐书·娄师德传》："其弟守代州，辞之官，教之耐事。弟曰：'有人唾面，洁之乃已。'师德曰：'未也，洁之，是违其怒，正使自干耳。'"

　　最是宽容者能纳天下。娄师德七十岁逝世，谥号为贞。其贞其行，大阔大广，令人汗颜。

祢衡一鹗，路斯九龙

◎ 我是主持人

　　张路斯的故事最早出自哪里并不清楚，它或许只是民间文学。也唯有民间文学，才称得上朴实生动。

◎ 原文

　　祢衡一鹗，路斯九龙。

◎ 注释

　　路斯：唐初张路斯，其妻生有九子。

◎ 译文

汉代祢衡，少年时就擅长辩论，而且性格高傲不屈。孔融向曹操推荐祢衡时说："鸷鸟累百，不如一鹗，使衡立朝，必有可观。"相传唐代张路斯夫人石氏生九子，路斯曾在焦氏台钓鱼，回来的时候浑身湿透，夫人问他怎么回事，说："我龙也，蓼人郑祥远亦龙，今日与我争钓台宝殿，明日将战，使九子助我。我领绛绡兵，郑领青绡兵。"次日，齐射青绡，中之，九子皆化为龙而去。

◎ 直播课堂

孔融向曹操推荐祢衡，曾写《荐祢衡表》，其中有载：鸷鸟累百，不如一鹗，使衡立朝，必有可观。

路斯：唐初张路斯。其妻生有九子。张路斯曾于河南安阳任照灵侯，罢官归乡后，常于焦氏台附近钓鱼。一日钓鱼处突然出现宫殿，张路斯走进去后，成为龙王。从此他朝走晚归，每天回家时身上都冰冷湿漉。他的妻子问他发生了什么事，他答：我已成为龙王，外地一名叫郑祥远的人也成为了龙王，与我不停争夺地盘。我们约好明天决斗，你告诉儿子来帮我。我头上扎红头巾，郑祥远头上扎青头巾。之后张路斯果然取胜。

纯仁助麦，丁固梦松

◎ 我是主持人

助人为乐，乐善好施，这都是中华民族的传统美德。但是延至今日，却有些变了味道。乞丐问题，若是国力强盛、社会稳定，尚能解决。可是人心的冷漠却不能。

◎ 原文

纯仁助麦，丁固梦松。

◎ 注释

纯仁：指范纯仁，范仲淹的儿子。

◎ 译文

宋代范纯仁曾经押五百斛麦子经过丹阳，遇到石曼卿，石曼卿当时"家有三丧而未葬"。范纯仁将麦子资助之。归来后对范仲淹说了此事，正与范仲淹的意思相合。三国人丁固字子贱。小时候梦到松生腹上，占卜的人说："松字于文为十八公也，后十八年，君其为公乎。"后来果然言中。

◎ 直播课堂

范仲淹命范纯仁往苏州取麦五百斛，即还，船行至丹阳，遇到石曼卿。范纯仁问石曼卿来这里有多久，石曼卿回答：已两个月。家有三丧而未曾下葬。范纯仁乃将麦子全赠给石曼卿。归来后他将石曼卿的情况告诉了范仲淹，范仲淹答：何不以麦舟付之。此后，"麦舟"成为助人丧葬费用的代名词。

韩琦芍药，李固芙蓉

◎ 我是主持人

张九龄《感遇》一诗中说："草木有本心，何求美人折。"这句大妙。不管芍药还是芙蓉，自开自败，自生自灭，原不为人而胜而衰。

◎ 原文

韩琦芍药，李固芙蓉。

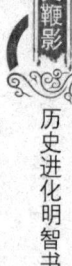

◎ 注释

韩琦：字稚圭，自号赣叟。

◎ 译文

江都芍药凡三十二种，唯红瓣黄腰称金带围的品种不容易得到，韩琦担任郡守时，这个品种偶尔开了四枝，于是邀王珪、王安石、陈升之共赏花，后来四人都担任宰相。唐代人李固，曾遇一老妇人，老妇人说："郎君明年芙蓉镜下及第。"来年果然中状元，第中有"人镜芙蓉"之语。

◎ 直播课堂

北宋年间，韩琦镇守扬州。扬州有寺名禅智，寺中有芍药圃。其中一枝芍药花开四朵，花瓣深红，腰有金线，称作金带围。韩琦知道后，请王珪、王安石、陈升之一起赴寺欣赏，每个人在头上簪了一朵金带围。之后，四个人都做了宰相。

唐代李固，曾遇到一老妇人，她告诉李固明年芙蓉镜下及第。次年果然如此，诗赋中有"人镜芙蓉"等语。后人以人镜芙蓉来比喻考试将名列甲等。

乐羊七载，方朔三冬

◎ 我是主持人

东方朔在自荐书中写自己家世：少失父母，长养兄嫂。年十二学书三冬，文史足用；年十五学击剑；年十六学诗书，诵二十二万言……东方朔是人中龙凤，因此学书三冬便可以文史足用。至于我们普通人，还是老老实实学书一生罢，尽管这样也不足用。

◎ 原文

乐羊七载，方朔三冬。

◎ 注释

乐羊：乐羊子，汉河南郡人。方朔：指东方朔。

◎ 译文

汉人乐羊子出外求学，一年后回来，妻子跪下问他为什么，他说："长久在外，想家了。"妻子就用刀砍断织机上的布，说："夫子你去积累学问，现在如果半途而归，与我半途割断布匹有什么不同。"乐羊受到感动，重新回去开始学业，七年不返。汉代人东方朔曾上疏皇帝说："年十二学书三冬，文史足用；十五学击剑；十六学诗书，诵二十二万言；十九学孙吴兵法阵战之具……若此，可以为天子大臣也。"

◎ 直播课堂

乐羊子妻以她的远见和勇气帮助丈夫坚定了求学的意志，而乐羊子也终于以惊人的毅力克服困难，坚持学习。这一切都告诉我们学习需要持之以恒的精神，不是一蹴而就的事，我们应该磨练自己的意志，不懈地努力。

郊祁并第，谭尚相攻

◎ 我是主持人

手足相残，厮杀争斗，其原因逃不出"利"字。然而得到利益又如何，满足了自己愿望又如何。即便位居人侯，身后宁无金丸惧？

◎ 原文

　　郊祁并第，谭尚相攻。

◎ 注释

　　郊祁：指北宋的宋郊、宋祁两兄弟。谭尚：指三国袁谭、袁尚兄弟。

◎ 译文

　　北宋时的宋郊与宋祁兄弟，两人刻苦读书，同时举进士。汉代袁谭与袁尚是同父异母兄弟，他们的父亲袁绍死后，两人互相攻伐，以争夺冀州，曹操乘机举兵，并夷灭之。

◎ 直播课堂

　　袁谭系袁绍长子。袁绍死后，袁尚即位。袁谭不满于此，自号车骑将军，引兵攻打袁尚。战败后，袁谭又投降于曹操。降曹终是权宜之计，降后不久袁谭又私下刻了将印，引起曹操提防，于建安十年正月被捕杀。

陶违雾豹，韩比云龙

◎ 我是主持人

　　论语说：富与贵，是人之所欲也，不以其道得之，不处也；贫与贱，是人之所恶也，不以其道得之，不去也。君子去仁，恶乎成名？君子无终食之间违仁，造次必于是，颠沛必于是。君子爱财，取之有道。金钱终是身后之物，拥有的再多，也不能成为衡量一个人德行的标准。

◎ 原文

　　陶违雾豹，韩比云龙。

◎ 注释

韩比：韩愈。

◎ 译文

周朝的陶答子治陶三年，名誉不兴，家产倍增。他的妻子曰："能薄而官大，是谓婴害；无功而家昌，是谓积殃。今夫子贪富图大，安闻南山有玄豹，雾隐七日不下食者，何也？欲以泽其毛衣而成文章耳，故藏以避害。系不择食，故肥而致死。今君违此，得无后患乎？"后来果然被诛。唐代学者韩愈《醉留东野诗》云："昔年因读李白杜甫诗，常恨二人不相从。吾与东野生并世，如何复蹑二子踪。东野不得官，白首夸龙钟；韩子稍奸黠，自惭青蒿倚长松。低头拜东野，愿得终始如驺蛩；东野不回头，有如寸筳撞巨钟。吾愿身为云，东野变为龙。四方上下逐东野，虽有离别无由逢。"

◎ 直播课堂

《列女传》有载：陶大夫答子治陶三年，名誉不兴，家富三倍。其妻数谏而不用。居五年，从车百乘归休，同宗人击牛相贺，唯独他的妻子抱住儿子哭泣。陶答子怒斥其妻，其妻答：妾闻南山有玄豹，雾雨七日而不下食者，何也？欲以泽其毛而成文章也，故藏而远害。犬彘不择食以肥其身，坐而须死耳。今夫子治陶，家富国贫，君不敬，民不戴，败亡之征见矣。愿与少子俱脱。之后不久，陶答子果因事而亡。

也只有道德才是人处世之本，若道德败坏，必定惹火烧身。陶答子敛财无道，最终落得身败名裂。反观他的妻子，聪慧非常，一早就看透他的下场。最后一次劝谏，他的妻子说：愿与少子俱脱。毕竟一日夫妻百日恩，说这句话时，她伤痛欲绝。可她能如何，只有离开才是保存她与儿子的唯一办法。更可叹者，陶答子从车百乘，规模盛大，同宗皆为之欢喜，然而他们只不过是因为陶答子表面上的风光，绝不是因为他这个人。趋富若鹜，愚笨之至。

洗儿妃子，校士昭容

◎ 我是主持人
中国自古以来讲究言行合乎礼，如果越礼，未免有伤风化，祸到临头。

◎ 原文
洗儿妃子，校士昭容。

◎ 注释
昭容：古代嫔妃封号，此处代指唐中宗昭容上官婉儿。

◎ 译文
唐朝杨贵妃收安禄山为养子，让宫女用锦绣裹住安禄山在宫中行洗儿礼，唐玄宗亲往观看，不以为耻，反赐给贵妃洗儿钱。上官婉儿是唐中宗宫中的昭容，在饮宴时常代皇帝及皇后、长宁安乐公主赋诗作文，又品评裁定大臣们所赋。

◎ 直播课堂
据说上官婉儿将生时，其母梦到巨人赠秤，云：持此秤量天下士。之后果然如此。

婉儿另一件逸闻，是她额头的红梅妆。武则天与张宗昌有染，亲密之间并不避及婉儿。婉儿正当年少，不免有些动容，背武则天不察与张宗昌调谑。却又不巧，被武则天看到，武则天以匕首割伤她右侧额头。婉儿为遮盖伤疤，请人在右额刺了一朵红梅。宫人皆以为美，纷纷以胭脂作梅效仿。

彩鸾书韵，琴操参宗

◎ **我是主持人**

苏轼与琴操相遇之时，已是知天命之年。人情冷暖，世事起伏，早已看惯。偏偏遇到琴操，使他乱了阵脚。他赎琴操，原欲给琴操好的生活，但人言可畏，有情之人终不能成眷属。

◎ **原文**

彩鸾书韵，琴操参宗。

◎ **注释**

彩鸾：唐朝文箫的妻子吴彩鸾。琴操：宋代乐伎。

◎ **译文**

唐代人吴彩鸾，嫁给文箫，文箫家贫不能养活自己，每天写韵书一部，卖掉以换取食物度日。就这样过了十年，两人各跨一虎升天。宋代苏轼在杭州时，携乐伎琴操游西湖，一日对琴操说："我扮作长老，你试着参禅。"

于是问："何谓湖中景？"苏轼答曰："落霞与孤鹜齐飞，秋水共长天一色。"

"何谓景中人？"答云："裙拖六幅潇湘水，髻挽巫山一段云。"

"何谓人中意？"答曰："随他杨学士，鳖杀鲍参军。"

"如此究竟如何？"答曰："门前冷落车马稀，老大嫁作商人妇。"琴操大悟，即日削发为尼。

◎ **直播课堂**

吴彩鸾，唐人，嫁于文箫为妻。家贫而不能立，遂抄韵书为业。琴操，乐伎，尝与苏轼游西湖。苏轼戏曰："我作长老，尔试参禅。"琴操初问："何谓湖中景？"苏轼答："落霞与孤鹜齐飞，秋水共长天一色。"又问："何谓景中人？"答云："裙拖六幅潇湘水，髻挽巫山一段云。"三问："何谓人中意？"答曰："随他杨学士，鳖杀鲍参军。"再问："如此究竟如何？"答曰："门前冷落车马稀，老大嫁作商人妇。"如此四问而有所感，即日削发为尼。

琴操十六岁，正是花样年华，却因出身寒微，不得不入乐籍。虽被时任苏州知府的苏轼赎出，但受世俗所缚，并不能真心如愿。她与苏轼四问四答，问而渐深，答而渐深。落霞秋水，眼前无非一刻。裙拖髻绾，身边不过瞬时。尤是尾句，"老大嫁作商人妇"，断却一切念想。

第三章
帝王将相，朝野兴亡

悠悠中华经历了五千多年的风雨洗礼。中国大地上风起云涌，经历着无数次"江山不改人已换"的历史变迁。一个朝代和一个国家的兴亡，在于为人君者是否贤明，是否爱护臣民，"得民心者昌，失民心者亡"。

古帝凤阁，刺史鸡窗

◎ **我是主持人**

凤凰自古以来，一直是中国文化的重要组成部分，成语如：凤凰于飞、人中龙凤、龙飞凤舞、百鸟朝凤、凤毛麟角、凤采鸾章。诗句亦如此：凤歌笑九丘、赵琴初停凤凰柱、凤泊鸾飘别有愁、独有凤凰池上客。

◎ **原文**

古帝凤阁，刺史鸡窗。

◎ **注释**

古帝：黄帝。

◎ **译文**

传说凤在阿阁筑巢，上古黄帝问天老凤筑巢这件事的吉凶，天老详述其象，说："凤出东方君子之国，翱翔四海之外，见则天下大安。"黄帝于是在殿中斋戒，凤凰蔽日而至，筑巢于阁中。晋宋宗，字处宗，官至兖州刺史。一次得到一只长鸣鸡，非常喜欢并养在窗前，后来鸡忽然能说人语了，与处宗谈论，极有玄致。处宗因此玄业大进。

◎ **直播课堂**

神话中凤凰是不死之神，周身烈火，浴火则生，因此便有了凤凰涅槃的说法。如同中华民族的图腾龙一般，凤凰文化在不断推进演变中，其形象也逐日生动，现已化身为象征吉庆的祥瑞之鸟。这其中饱含着善良的劳动人民对未来的希望与祝愿。

亡秦胡亥，兴汉刘邦

◎ **我是主持人**

　　胡亥的即位完全是赵高为了自己专权而一手策划的，在秦始皇的众公子中，胡亥论才干绝对不够即位的资格。刘邦为汉朝开国皇帝，汉民族和汉文化伟大的开拓者之一，中国历史上杰出的政治家、卓越的战略家和指挥家。

◎ **原文**

　　亡秦胡亥，兴汉刘邦。

◎ **注释**

　　胡亥：秦始皇次子。

◎ **译文**

　　秦始皇最小的儿子叫胡亥，始皇死后，胡亥继位，施行暴政，刘邦、项羽起兵后，被迫自杀，胡亥的侄子子婴继位，后被项羽杀掉，秦朝灭亡。楚汉战争中，刘邦战胜西楚霸王项羽后，建立汉朝。

◎ **直播课堂**

　　胡亥父亲始皇帝首称皇帝，筑立长城，统一度量衡、泰山封禅、求不死药、焚书坑儒……多少事烟消云散，可真真是关河空锁祖龙居。可敬老子打下的基业，可叹不肖子孙败落得精光，可畏刘邦的伺机而成，可怜帝王的黄土一抔。

戴生独步，许子无双

◎ **我是主持人**

　　许慎的《说文解字》共九千三百五十三字，归五百四十部，并十四大类。卷末叙目总为一篇，计十五篇。清代段玉裁称：此前古未有之书，许君之所独创。

◎ **原文**

　　戴生独步，许子无双。

◎ **注释**

　　戴生：东汉戴良。许子：即许慎。

◎ **译文**

　　东汉的戴良，字叔鸾，喜欢高谈阔论，而且喜欢发表惊世骇俗的言论。曾说："我若是仲尼长东鲁，大禹出西羌，独步天下，无与为偶也。"东汉的许慎，字叔重，少年时博学经籍。马融很推崇他。时人为之语曰："五经无双许叔重。"

◎ **直播课堂**

　　成语"独步天下"出自《后汉书·戴良传》：我若仲尼长东鲁，大禹出西羌。独步天下，谁与为偶。许子：东汉许慎，字叔重，时人有"《五经》无双许叔重"的美誉。

柳眠汉苑，枫落吴江

◎ **我是主持人**

　　隋炀帝时，崔信明任尧城令。他的族弟劝他与自己同时参加窦建德的起义大军，崔信明说什么都不愿从，并且逃出城外，跑到太行山隐居。到了唐代，又跑出来做了官。

◎ **原文**

　　柳眠汉苑，枫落吴江。

◎ **注释**

　　枫落：指唐代崔信明的诗。

◎ **译文**

　　清人张沥辑《三辅旧事》中说："汉苑有柳，状如人形，号曰人柳。一日三眠三起。"唐代崔信明担任秦川令时，常以自己诗文杰出而自负，扬州参军郑世翼也比较轻佻忤物，一次遇崔信明于江中，说道："闻公有'枫落吴江冷'，愿见其余。"崔信明欣然拿出众篇，郑世翼没有看完，说："所见不如所闻。"将文章投到水中，引舟离去。

◎ **直播课堂**

　　崔信明一直自恃才高，最后他的诗，整篇的只存一首，断章残句则只有"枫落吴江冷"。

鱼山警植，鹿门隐庞

◎ 我是主持人

能教出诸葛亮的人，该是何等的博学多闻，睿智敏慧。想当年庞德公并卧龙、凤雏、水镜、徐庶一起纵谈天下时，又是何等的逸兴如飞。

◎ 原文

鱼山警植，鹿门隐庞。

◎ 注释

鱼山：东阿县东南二十公里处。植：曹植。鹿门：鹿门山，襄阳城东南约十五公里处。庞：汉末名士庞德公。

◎ 译文

鱼山在泰安府东阿县西，三国曹植曾在此登山临东阿，忽闻岩岫里有诵经声，不觉恭敬地聆听起来。后汉庞德公是个贤士，荆州刺史刘表数次延请不至，后庞德公偕妻子登鹿门山采药不返。

◎ 直播课堂

"天下才共一石，曹子建独占八斗。"曹植，这个被父亲赞为最能成大事的人，成就的不是乾坤天下，而是诗赋梵音。曹植四十岁病死，其子曹志遵从他的遗愿，将他迁葬于鱼山西麓。从此一代文豪与青山薄雾为伴，鱼山亦因此平添了几分儒秀之气。

浩从床匿，崧避杖撞

◎ 我是主持人

性格耿直的人，交真心朋友易，立身于政治洪流之上难。孟浩然便是如此。生在盛世，笔绽莲花，心怀家国，却空怀澄清天下之志。也妙，朝廷少了一位迂腐大夫，诗坛多了一位田园歌者。

◎ 原文

浩从床匿，崧避杖撞。

◎ 注释

浩：孟浩然。崧：药崧，汉明帝时任郎官。

◎ 译文

唐代孟浩然年四十岁始游京城，与王维友善，王维私下邀请他进入内署，正好唐玄宗到了，孟浩然躲到床下，王维据实报告皇帝，皇帝说："朕闻其人而未见也。"诏令孟浩然出来。汉明帝喜欢以耳目的揭发作为事实，公卿大臣，都被诋毁。曾经因事而杖打药崧，药崧逃到床底下，皇帝更恼怒，急言道："你出来。"药崧说："天子威严，王侯堂皇，从未听说有这样的君王，自己起身打我的。"

◎ 直播课堂

相传王维曾邀孟浩然至内署，恰唐玄宗至，孟浩然只好匿于床下。王维对唐玄宗据实以告，玄宗便诏令孟浩然出见。孟浩然自诵其诗，其中有"不才明主弃"句。唐玄宗不悦道：卿不求仕，而朕未尝弃卿，奈何诬我。

遂将孟浩然放归襄阳。

《资治通鉴》载:"常以事怒郎药崧,以杖撞之;崧走入床下,帝怒甚,疾言曰:'郎出!'崧乃曰:'天子穆穆,诸侯皇皇,未闻人君,自起撞郎。'帝乃赦之。"

汉明帝实在是个有趣的帝王。为人多疑,极爱听小报告,还喜欢刺探官员隐私。官员若有什么错误,他不止口头责骂,还亲自打。譬如药崧,只因一时惹恼了他,他便拿杖击之。这药崧也是,不是说"君要臣死,臣不得不死"么,他偏不,钻到了床底下。汉明帝说:"你出来。"药崧摇头晃脑说了一番:"天子就应该有天子的样子,我没听说过有打郎官的九五之尊。"也怪得很,汉明帝听到此句,居然不气了。

刘诗瓿覆,韩文鼎扛

◎ 我是主持人

读这段历史,总觉得刘伯温太过聪明,以至于被聪明所误,落了个谋命谋身皆不成的下场。好在还有时间这个公正的法官,在刘伯温逝去后不久,便为他昭雪平反。

◎ 原文

刘诗瓿覆,韩文鼎扛。

◎ 注释

瓿覆:出自《汉书·扬雄传》。韩:指韩愈,唐代文学家。

◎ 译文

明代刘基,字伯温,是元代的进士,弃官隐居在青田山,明太祖征召他入朝,刘伯温陈述有关时事的十八项策略,成就了帝业。汉代刘歆曾对扬雄说："如今的学者虽有禄利，然尚不能明《易》，其若《玄》何，我担心后人会用我的诗文来盖没用的酱瓿。"韩愈是唐代著名的文学家，黄庭坚曾经写诗赞米友仁说："虎儿笔力能扛鼎。"

◎ 直播课堂

刘基，字伯温，元末明初政治家、文学家。喜读书，熟经文，谙兵法，能数术，知地理。

刘歆共扬雄语：今学者有禄利，然尚不能明《易》，其若《玄》何，吾恐后人用覆酱瓿也。

鼎扛：黄庭坚有诗，"我有元晖古印章，印剜不忍与诸郎。虎儿笔力能扛鼎，教字元晖继阿章。"虎儿，即米友仁。因其小名为寅哥，故黄戏称为虎儿。

"先灭陈友谅，再灭张士诚。然后北向中原，一统天下"是刘伯温为朱元璋制定的战略方针，朱元璋依计而行，果然攻无不克。只是功高盖主，总是不祥之兆。况有多少小人虎视眈眈，想制他于死地。洪武四年，刘伯温卸下朝廷重担，回故里青田隐居。他原想从此平淡生活，不问世事。然而终究不能，他的铁血丹心，在政敌的诬陷君主的猜忌面前，不过一粒沙尘。洪武八年，刘伯温在忧愤中逝去，时年六十五岁。

愿归盘谷，杨忆石淙

◎ 我是主持人

渴饮清泉，饿食肥鱼，困眠草木。没有固定作息时间，也不存在尔虞我诈、钩心斗角，这样的地方，怎能不令人生出向往之心。

◎ 原文

愿归盘谷，杨忆石淙。

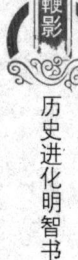

◎ **注释**

愿：李愿。杨：杨一清。

◎ **译文**

盘谷在河南济源县北，唐李愿隐居在此。明朝的镇江府城南，有杨一清的石淙精舍，在丁卯桥南。

◎ **直播课堂**

韩愈有文，《送李愿归盘谷序》：太行之阳有盘谷。盘谷之间，泉甘而土肥，草木蘩茂，居民鲜少。或曰："谓其环两山之间，故曰盘。"或曰："是谷也，宅幽而势阻。隐者之所盘旋。"友人李愿居之。

杨一清，明代人，七岁能文，蜚声乡里。历四朝，官至内阁首辅。镇江府城南有杨一清石淙精舍。

弩名克敌，城筑受降

◎ **我是主持人**

受降城，另解，唐朝方总管张仁愿筑中、东、西三座受降城，以防突厥南侵。详见《新唐书》，现已不知作者本指究竟为何。

◎ **原文**

弩名克敌，城筑受降。

◎ **注释**

受降：指受降城，在今山西大同。

◎ 译文

　　宋代韩世忠在金人入寇时，造弓取名为克敌，可百发百中，表示要抵挡敌骑冲突。受降城在山西大同府西北，为公孙敖所筑。

◎ 直播课堂

　　值金人入侵，宋韩世忠造克敌弓以御，射程可达百步，能穿铠甲。汉武帝遣派公孙敖筑受降城。

韦曲杜曲，梦窗草窗

◎ 我是主持人

　　当时只记入山深，青溪几曲到云林。韦曲、杜曲，园林深深几处，又有几道青溪，几处云林？是否曾有人于此地簪花斗草，低吟悄唱？又如梦窗草窗，何梦何草？斯人已远，徒留后生小辈临窗而望，见迎春花盛，杨柳枝青。

◎ 原文

　　韦曲杜曲，梦窗草窗。

◎ 注释

　　韦：韦安石。杜：杜佑，号岐公。

◎ 译文

　　唐代富翁韦安石在西安府南建有花园，名为韦曲。杜岐公也建有花园，名为杜曲。南宋吴文英，善于写词，有《梦窗甲、乙、丙稿》四卷。周密，号草窗，有《草窗词》二卷。两人的文集都很有文采。

◎ 直播课堂

韦安石，唐代人，于西安府南建有韦曲花园。杜佑，唐代人，建有杜曲花园。吴文英，南宋人，有《梦窗甲、乙、丙稿》四卷。周密，南宋人，号草窗，有《草窗词》两卷。

灵征刍狗，诗祸花龙

◎ 我是主持人

高启系吴中四杰之一，因诗获罪确实有之，然而定非"夜深宫静有谁来"句。盖因其性情孤高之故，难免得罪于君。君若有心疑他，他纵有百口亦不得辩。传说高启遭腰斩之时，用手指蘸鲜血写了三个惨字。自此朱元璋身体每况愈下，夜夜噩梦，不久便死去。

◎ 原文

灵征刍狗，诗祸花龙。

◎ 注释

刍狗：这里指灵验的梦。

◎ 译文

魏国的太史问周宣，梦见草扎成的狗是何意，周宣说："得饮食。"又一日问梦见刍狗，周宣说："堕车折脚。"又一日问梦见刍狗是何意，周宣说："有火灾。"太史说："三次询问都并没有梦，只是试您罢了，为什么都灵验了呢？"后来就用刍狗表示灵验的梦。明代人高启因为题宫女图诗触怒皇帝被杀。他写的诗是："女奴扶醉踏苍苔，明月西园侍宴回。小犬隔花空吠影，夜深宫静有谁来。"

◎ 直播课堂

《魏书·周宣传》载：太史问宣曰："吾昨夜梦见刍狗，其占何也？"宣答曰："君欲得美食耳。"有顷，出行，果遇丰膳。后又问宣曰："昨夜复梦见刍狗，何也？"宣曰："君欲堕车折脚，宜戒慎之。"顷之，果如宣言。后又问宣："昨夜复梦见刍狗，何也？"宣曰："君家失火，当善护之。"俄遂火起。语宣曰："前后三时，皆不梦也。聊试君耳，何以皆验邪？"宣对曰："此神灵动君使言，故与真梦无异也。"又问宣曰："三梦刍狗而其占不同，何也？"宣曰："刍狗者，祭神之物。故君始梦，当得余食也。祭祀既讫，则刍狗为车所轹，故中梦当堕车折脚也。刍狗既车轹之后，必载以为樵，故后梦忧失火也。"宣之叙梦，凡此类也十中八九，世以比建平之相矣。其余效故不次列。明帝末卒。后以刍狗代指梦境灵验。

高启，明代人，有诗：女奴扶醉踏苍苔，明月西园侍宴回。小犬隔花空吠影，夜深宫静有谁来。因诗获罪，被朱元璋腰斩。

嘉贞丝幔，鲁直彩缸

◎ 我是主持人

悬丝娶妻、彩缸作贺，其事其行，潇然洒脱。可是真要让现代人重新来一回，只怕谁也不要。

◎ 原文

嘉贞丝幔，鲁直彩缸。

◎ 注释

鲁直：指宋代黄鲁直。

◎ 译文

　　唐代宰相张嘉贞想纳郭元振为婿，就说："我有五女，各持一丝于幕后，子牵之，得者为妇。"元振牵一红丝，得第三女，贤而色美。宋代黄鲁直之子求婚于苏迈之女，纳吉时用红彩缠其缸作彩礼。

◎ 直播课堂

　　张嘉贞，唐代人。曾与郭元振语："我有五女，各持一丝于幕后，子牵之，得者为妇。"郭元振果牵一红丝，得其三女。黄鲁直，宋代人。其子娶苏迈之女。行六礼之第三礼时，用红彩缠缸作为彩礼。

第四章
文武百官，大智若愚

　　大智若愚在生活当中的表现是不处处显示自己的聪明，做人低调，从来不向人夸耀自己，抬高自己，做人原则是厚积薄发、宁静致远，注重自身修为、层次和素质的提高，对于很多事情持大度开放的态度，有着海纳百川的境界和强者求己的心态，从来没有太多的抱怨，能够真心实在地做事，使自己能够不断得到积累。

王良策马，傅说骑箕

◎ **我是主持人**

传说人死后，都会成为天上的星星，千古而恒，守护着自己至亲至爱的人。这样的传说自然是无稽之谈，然而信了又何妨。再理性的人也需要些浪漫情怀作为调剂品。

◎ **原文**

王良策马，傅说骑箕。

◎ **注释**

王良、策、傅说、箕，俱属星名。

◎ **译文**

王良，春秋时人。善驾御马。传说傅说是商朝武丁时的宰相，辅助殷得以中兴，死后成为天上的星座，在箕尾之间。

◎ **直播课堂**

王良，春秋人氏，善御马，传说死后被天帝选为车夫。王良策马，车骑盈野。天变于上，而人、物应于下。

傅说，殷商王宰相，政治军、建筑学家、思想家、军事家，中华傅氏始祖。辅佐武丁，成"武丁中兴"。死后成为星，在箕尾之间。

《史记·天官书》中载，银河中有四颗称为天驷的星，天驷旁一星王良，一星策。策星闪动，称为王良策马，此时人间会发生战事。

伏羲画卦，宣父删诗

◎ **我是主持人**

　　孔子，汉时被尊为至圣文宣王。传说他曾编删《诗经》。
　　孔子是否删过《诗经》，此系悬案，不敢定论。

◎ **原文**

　　伏羲画卦，宣父删诗。

◎ **注释**

　　伏羲：三皇之一。

◎ **译文**

　　传说上古时代的部落酋长叫伏羲，曾画八卦，教民捕鱼、畜牧，以作食物。孔子在汉代时被封为至圣文宣王，他曾经将《诗经》做了多处删编。

◎ **直播课堂**

　　我国古代神话当中，伏羲与女娲是人的始祖。唐代李冗《独异志》中载，伏羲女娲为延续后代欲结为夫妻，但又因为是同姓兄妹，自以为羞。于是兄妹上昆仑山，起咒说：上天若使我兄妹结成夫妻，便让烟合起来。若不肯，便叫烟散。继而烟合，乃婚。

高逢白帝，禹梦玄彝

◎ 我是主持人

　　大禹治水历时十三年，三过家门而不入，日夜劳作，终于疏导了大水。

◎ 原文

　　高逢白帝，禹梦玄彝。

◎ 注释

　　高：汉高祖刘邦。禹：大禹。

◎ 译文

　　汉高祖刘邦酒醉后走在沼泽中，碰见大蛇当道，拔剑将蛇斩为两段，继续前行，遇到老妪在黑夜中哭泣，说："吾子白帝也，化为蛇，当道，今被赤帝子斩之，故哭。"大禹曾治理天下的大水。至衡山，梦男子自称玄彝苍水使者，曰："欲得我简书，斋于黄帝之宫。"禹斋三日，果得金简玉牒，因知治水之要。

◎ 直播课堂

　　传说刘邦酒醉入泽，见蛇而斩。前进后遇有老妇哭泣，问之答：吾子白帝也，化为蛇，当道，今被赤帝子斩之，故哭。

　　大禹治水至衡山，杀白马祭天后，梦到有赤膊绣衣男子，自称为玄彝，乃苍水使者。告禹云：欲得我简书，斋于黄帝之宫。

寅陈七策，光进五规

◎ **我是主持人**

顽童或许比只知沉沉读书郎更能有所作为。读书太久，无非是个书蠹子，能知书事而不知天下事。而顽童，往往思维活络，能有创新之举。

◎ **原文**

寅陈七策，光进五规。

◎ **注释**

寅：胡寅。光：司马光。

◎ **译文**

宋代进士胡寅，曾上书高宗，提出罢议和修战备的七项策略，结果被罢官了。宋代司马光，在仁宗朝知谏院，曾提出五规：保业、惜时、远谋、谨微、务实。

◎ **直播课堂**

胡寅少年时，是个不折不扣、桀黠难制的顽童。他父亲将他关在空阁中，他便取里面的杂木刻成人形。家人为使他能转移一下兴趣，便在空阁放了一千多本书。一年后，胡寅一卷不落，皆能背诵。

鲁恭三异，杨震四知

◎ 我是主持人

　　杨震为官二十多年，两袖清风，一身正气，子孙常蔬食步行，家中亦并无产业。如此之人，值得学习。

◎ 原文

　　鲁恭三异，杨震四知。

◎ 注释

　　鲁恭、杨震都是东汉时期人。

◎ 译文

　　东汉鲁恭担任中牟令，邻县发生蝗灾，唯独不侵扰中牟县境。河南尹袁安闻之，前往察看，看到儿童旁有野鸡，问儿童为何不捕鸡，儿童回答说："鸡是雄的而且还是小鸡。"袁安于是说："虫不入境，恩德泽化及禽兽，儿童也有仁心。这是中牟的三异。"杨震是东汉人，曾推荐昌邑令王密做官。杨震路过昌邑，王密夜怀十金送给杨震，杨震拒不接受，王密说："深夜没有人知道。"杨震说："天知、地知、你知、我知，何谓无知？"

◎ 直播课堂

　　杨震，字伯起，弘农华阴人，性公廉，不受私谒。子孙常蔬食步行，故旧长者或欲令为开产业，杨震不肯，说："使后世为清白吏子孙，以此遗之，不亦厚乎！"事见《后汉书·杨震传》。

邓攸弃子，郭巨埋儿

◎ 我是主持人

邓攸为活侄儿，弃了儿子，结果其妻不复孕。不孝有三，无后为大，没有办法又娶了一名小妾。后来问起小妾姓名与家世，才晓得小妾原是他的外甥女。当时人都说：天道无知，使邓伯道无儿。

◎ 原文

邓攸弃子，郭巨埋儿。

◎ 注释

邓攸：东晋人。郭巨：汉代人。

◎ 译文

邓攸东晋时做河东太守，在石勒战乱中舍弃亲生儿子，保护了侄子。妻子不复孕。一次过江，纳到一妾，特别宠爱，于是询问女子的来历，说是北人遭乱，还能忆起父母姓名，原来是邓攸的甥女。邓攸素有德行，闻之感恨，于是就不再纳妾。郭巨是汉代人，因家贫不能养母，母亲进食时，儿子必定分食，于是欲埋其儿，说儿子可再有，母不可复得。挖土三尺余，忽见一黄金玉釜，上有丹书曰："天赐孝子郭巨，官不得夺，人不得取。"

◎ 直播课堂

邓攸七岁丧父，不久丧母，又丧祖母，居丧九年，以孝著称。清和平简，贞正寡欲。从小失去父亲，和弟弟一起生活。当初，祖父殷有赐官，皇上敕命邓攸继承。后来太守劝邓攸离开王宫，想举荐他为孝廉，邓攸说："先人所赐，不可改也。"曾去拜谒镇军贾混，贾混把一件案子拿给邓攸看，让他决断。邓攸却不看案卷，说道："孔子说听到狱讼人人都有同感，一定会尽量化解！"贾混觉得很惊奇，就把女儿嫁给了他。举灼然二品，为吴王文学，历任太子洗马、东海王越参军。越钦佩他的为人，转任他为世子文学、吏部郎。越弟腾为东中郎将，聘请邓攸为长史。出任河东太守。

公瑜嫁婢，处道还姬

◎ 我是主持人

李致远《碧牡丹》中有句：破镜重圆，分钗合钿，重寻绣户珠箔。在社会大背景前，个人情感不过如蝼蚁一般，哪里有自己做主的余地。夫妻两个其实也都知道，这一别离，若是再见难上加难。但破一镜，只为痴念仍在。谁知正是因为这面镜子，两人才又走到了一起。斯时恩爱，自不必说。

◎ 原文

公瑜嫁婢，处道还姬。

◎ 注释

公瑜：指宋代人钟离瑾。道：指杨素，字处道。

◎ 译文

宋代人钟离瑾，字公瑜，任德化县令时，嫁女时买来婢女，知道婢女是前任县令的女儿，就同女儿一样嫁出。嫁女那天的夜里，梦一绿衣之人道谢，说已奏明天帝，当降福钟离瑾的后世子孙。徐德言与妻子乐昌公主在战乱时各执破镜一半相约，后乐昌公主流落为杨素家姬，徐德言流落到京城，在市场上买到了乐昌公主的半边破镜，作诗曰："照与人俱去，照归人不归。"杨素知道后，即召德言还其妻。

◎ 直播课堂

钟离瑾将嫁女时，买来一名婢女，询问得知系前任县令女儿，遂将婢女如女儿一般嫁出。后梦到婢女父亲穿绿衣前来感谢。

唐孟棨《本事诗·情感》载：陈太子舍人徐德言之妻，后主叔宝之妹，封乐昌公主，才色冠绝。时陈政方乱，德言知不相保，谓其妻曰："以君之才容，国亡必入权豪之家，斯永绝矣。倘情缘未断，犹冀相见，宜有以信之。"乃破一镜，人执其半，约曰："他日必以正月望日卖于都市，我当在，即以是日访之。"及陈亡，其妻果入越公杨素之家，宠嬖殊厚。德言流离辛苦，仅能至京，遂以正月望日访于都市。有苍头卖半镜者，大高其价，人皆笑之。德言直引至其居，设食，具言其故，出半镜以合之，乃题诗曰："镜与人俱去，镜归人不归。无复嫦娥影，空留明月辉。"陈氏得诗，涕泣不食。素知之，怆然改容，即召德言，还其妻，仍厚遗之。闻者无不感叹。仍与德言陈氏偕饮，令陈氏为诗，曰："今日何迁次，新官对旧官。笑啼俱不敢，方验作人难。"遂与德言归江南，竟以终老。

允诛董卓，玠杀王夔

◎ 我是主持人

有智谋的人，不但谋世，还能谋身。保全性命，是谋士的根本。而王允恰恰犯了这个错误。他在诛杀董卓之后，居功自傲、不听人言，对董卓旧部亦是反复无常。如此一来，朝上朝下与他的关系自然不能持久，以至最后离心离德，被李傕、郭汜处死。

◎ 原文

　　允诛董卓，玠杀王夔。

◎ 注释

　　允：指王允。卓：董卓。

◎ 译文

　　汉代王允有才略，定美人计，让貂蝉挑拨董卓与义子吕布的关系，并唆使吕布诛杀了董卓。宋朝利司都统王夔号"王夜叉"，极其残忍，经常做害民的事情，四川宣渝司余所设计召王夔议事，杀掉了他。

◎ 直播课堂

　　少年时听人讲故事，说王允是大英雄、大谋士，能诛董卓于乱世之际、挽大厦于将倾之时。当时心里对其十分倾服。及至现在，小时候的故事虽还记得，却再也不能对他十分倾服。盖因王允虽可以大英雄称之，却不能以大谋士命之。

石虔矫捷，朱亥雄奇

◎ 我是主持人

　　侠客文化，从古到今，一直历久不衰。然而若想看真侠客的作为，还需向古书中寻找。尤其司马迁的《侠客列传》，不能不读。

◎ 原文

　　石虔矫捷，朱亥雄奇。

◎ 注释

朱亥：入官前本为屠夫。

◎ 译文

晋人石虔随父围猎时，虎受箭伤而伏地，诸将戏让石虔去拔箭，石虔上前拔得一箭，虎跳他也跳，而且比虎跳得还高，虎伏下身去他又乘机拔得一箭，其身姿矫捷绝伦。朱亥是大梁人，勇敢侠义，隐于屠肆。侯嬴把他推荐给魏公子无忌（信陵君），无忌派他奉璧谢秦，秦王听说他的出身后很生气，把他买到虎圈，朱亥头发直竖，瞪目视虎，虎不敢动，秦王于是送给他礼物，把他送回梁国。信陵君又让朱亥在袖子里藏了四十斤铁锤，暗杀秦国将军晋鄙，夺其兵，遂退秦存赵。

◎ 直播课堂

桓石虔，晋代人。《独异志》载：晋桓石虔有才干，矫捷绝伦，随父豁在荆州。于猎围中，见猛兽被数箭而伏。诸督将素知其勇，戏令拔箭。石虔因急往，拔一箭，猛虎踞跃，石虔亦跳，高于猛兽。复拔一箭而归。时人有患疾者，谓曰："桓石虔来"以怖之，病者多愈。

朱亥因其勇武，被信陵君聘为食客。后，信陵君遣朱亥奉璧谢秦，而秦王不使朱亥返，反令朱亥为秦效力。朱亥不从，秦王乃将朱亥关入虎笼中。朱亥怒喝惊虎，虎不敢动。

桓石虔的矫捷不算什么，稀奇在他还有能疗疟疾的本事。当时谁家有病人，只要喝一声"桓石虔来"，生病的人大多数便会痊愈。这件事《晋书》里有写。

平叔傅粉，弘治凝脂

◎ 我是主持人

历史上的美男子，似乎大多结局都不好。譬如潘安，趟了八王之乱的浑水，落了个为虎作伥的恶名。譬如卫玠，被人活生生地看杀。譬如周瑜，事未成功而英年早逝。

◎ 原文

平叔傅粉，弘治凝脂。

◎ 注释

平叔：指何晏，平叔是他的字。弘治：指晋人杜乂。

◎ 译文

三国时魏人何晏，字平叔。传说魏明帝见平叔肌肤皎白，疑其傅粉，于是夏天赏他热汤面吃，不一会儿，何晏便大汗淋漓，只好用自己穿的衣服擦汗，可他擦完汗后，皮肤更为皎白。晋朝人杜乂，字弘治，官至丹阳丞。其皮肤清绝，王右军见了感叹说："面若凝脂，眼如点漆，此神仙中人也。"

◎ 直播课堂

何晏汉大将军何进之孙。裴启《语林》载：何平叔美资仪而色白，魏明帝疑其着粉。夏月予热汤饼，既啖，大汗出，随以朱衣自拭，色转皎然。

杜乂性纯和，美姿容，有盛名于江左。王羲之曰："肤若凝脂，眼如点漆，此神仙中人也。"桓彝亦曰："卫玠神清，杜乂形清。"

想晏当初，被曹操所养，其宠何深。娶魏金乡公主时，其仪又何盛。

可怜到了最后，却走了大部分官僚都走的仗势专政的路子。结果"何郎犹在无恩泽，不似当初傅粉时"。

伯俞泣杖，墨翟悲丝

◎ **我是主持人**

时间过得太快，父母的头发由黑变白，视力由好变坏，孝子知道自己能尽的孝心越来越少。

◎ **原文**

伯俞泣杖，墨翟悲丝。

◎ **注释**

墨翟：即墨子，春秋战国时思想家。

◎ **译文**

汉韩伯俞性至孝，一次犯错，母亲用杖打他，他哭泣说："以前打的时候感觉疼，我就知道母亲健康；现在打在身上不太疼了，我感觉母亲力气衰弱了，所以悲泣。"春秋战国之际的思想家墨子见染丝者而叹曰："染于苍则苍，染于黄则黄。五入为五色，不可不慎也。非独染丝，治国亦然。"此作墨翟悲丝，通称悲染。

◎ **直播课堂**

孩子在父母的养育下一天天茁壮成长起来；而父母却在为儿女的操心中一天天衰老下去。生命是这样地短暂，如白驹过隙瞬间消逝；生命也是这样的脆弱，转瞬间双亲已是风烛残年。不要忘记，行孝不能等啊！

能文曹植，善辩张仪

◎ **我是主持人**

在此篇中我们看到了出口成章的曹植的文才，也看到了张仪的善辩之才。

◎ **原文**

能文曹植，善辩张仪。

◎ **注释**

曹植：曹操的第三个儿子。张仪：战国时期人。

◎ **译文**

曹植文采出众，张仪有谋略善辩。

◎ **直播课堂**

曹植，字子建，魏人。曹操之妻卞氏所生第三子。聪慧敏捷，自幼能文。可出口成章，下笔万言。

张仪，战国时期魏人，政治家、外交家、谋略家。善辩，为秦、魏二国相，封武信君。《史记·张仪列传》载：始尝与苏秦俱事鬼谷先生，学术，苏秦自以不及张仪。张仪已学游说诸侯。尝从楚相饮，已而楚相亡璧，门下意张仪，曰："仪贫无行，必此盗相君之璧。"共执张仪，掠笞数百，不服，醳之。其妻曰："嘻！子毋读书游说，安得此辱乎？"张仪谓其妻曰："视吾舌尚在不？"其妻笑曰："舌在也。"仪曰："足矣。"

温公警枕，董子下帷

◎ 我是主持人

郭沫若有句话说得好：人是活的，书是死的。活人读死书，可以把书读活。温公读书，而成《通鉴》，古往今来谁不称颂；董子读书，却创了独尊儒术的局面。

◎ 原文

温公警枕，董子下帷。

◎ 注释

温公：司马光。董子：董仲舒。

◎ 译文

司马光在宋哲宗朝为相，封为温国公。传说他的卧室萧然，图书却很多，竟日静坐，泊如也。又以圆木为枕，少睡则枕转而觉，乃起读书。西汉大儒哲学家董仲舒，又称董子，专门研究《春秋公羊传》。据记载董仲舒年轻时读春秋，孝景时为博士，下临讲诵，弟子传以久，次相授业，或未见其面。盖三年不窥园，其精如此。

◎ 直播课堂

司马光，宋哲宗时为相，封温国公。相传司马光曾以圆木为枕，取名为警枕。少睡而枕转而觉，乃起读书。

董仲舒，汉代思想家、政治家。少时读书，曾三年围帷不窥园内。后为博士，其弟子传以久，次相授业，或未见其面。

会书张旭，善画王维

◎ 我是主持人

因酒而有佳话来的历史名人不少，如仪狄、杜康，阮籍、陶渊明、李白，张旭，怀素，张旭的弟子邬彤……信手拈来，便有七八。酒后或能歌能言，或能诗能画。

◎ 原文

会书张旭，善画王维。

◎ 注释

张旭：唐代草书大家，人称草圣。

◎ 译文

张旭是唐朝人，字伯高。善写草书，爱喝酒，每次大醉，都会呼叫狂走，这时才写字，醒后自视，以为入神。刚开始做官时是常熟尉，有老人陈牒求判，信宿又至，旭责之，曰："观公笔奇妙，欲以藏家耳。"因出其父书，天下奇笔也，旭自是尽得其法。又尝见公主担夫争道而得笔法，观公孙大娘舞《剑器》，更得其神，人称草圣。王维，字摩诘，是唐朝著名诗人、画家。曾作监察御史、节度府判官等，后又任尚书右丞，故称王右丞。王维最善诗与画。宋朝苏轼说："味摩诘之诗，诗中有画，观摩诘之画，画中有诗。"

◎ 直播课堂

唐文宗曾有诏，以李白诗歌、裴旻剑舞、张旭草书为三绝。韩愈《送高闲上人序》中有云张旭草书："喜怒、窘穷、忧悲、愉佚、怨恨、思慕、酣醉、无聊、不平，有动于心，必于草书焉发之。观于物，见山水崖谷、鸟兽虫鱼、草木之花实、日月列星、风雨水火、雷霆霹雳、歌舞战斗、天地事物之变，可喜可愕，一寓于书，故旭之书，变动犹鬼神，不可端倪，以此终其身而名后世。"杜甫《饮中八仙歌》云张旭醉态：张旭三杯草圣传，脱帽露顶王公前，挥毫落纸如云烟。

张旭的草书固然好，诗才也高。他有一首《桃花溪》：隐隐飞桥隔野烟，石矶西畔问渔船。桃花尽日随流水，洞在清溪何处边？这首诗何尝不是诗中有画，画中有诗。只是不知，是否是酒后写的。

周兄无慧，济叔不痴

◎ 我是主持人

成语不辨菽麦，起先它广指愚笨无知的人，现在则专指缺乏生产知识的人。

◎ 原文

周兄无慧，济叔不痴。

◎ 注释

周兄：晋悼公。济叔：西晋王济的叔父王湛。

◎ 译文

鲁成公十八年的春天，晋国的大夫将晋厉公杀掉，到京师去迎接周子（晋悼公）为君。周子有个哥哥，本应立为国君，但晋贵族们说："周子有兄而无慧，不能辨菽麦，故不可立。"晋朝王湛，字处冲，雅抱隐德，遂负痴名。其侄王济因此不行叔侄礼，有一次王济见其叔床头有《周易》，

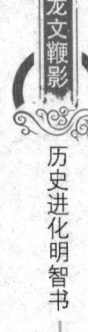

十分吃惊，尤其听到他剖析玄理，甚是微妙，又与之乘马，见其善骑。过去武帝常以济叔为笑料，此时又问："卿家痴叔死未?"济曰："臣叔不痴。"并赞美说："山涛以下，魏舒以上。"

◎ 直播课堂

《左传·成公十八年》载，晋大夫杀晋厉公，又至京师迎周子为君。周子有个哥哥，本应立为国君，但晋贵族们说：周子有兄而无慧，不能辨菽麦，故不可立。

王湛少有识度，而少言语，初有隐德，人莫能知，兄弟宗族皆以为湛痴。王济见叔，初不行礼。一日见王湛床头有《周易》，乃与之共谈，大感惊奇。后武帝问王济，其痴叔死未，王济答：臣叔不痴。并赞王湛学识在"山涛以下，魏舒以上"。事见《世说新语》。

杜畿国士，郭泰人师

◎ 我是主持人

师者，传道授业解惑也。道理、专业知识、解除疑惑，如此三者都能做到，方称良师。

◎ 原文

杜畿国士，郭泰人师。

◎ 注释

杜畿：三国时魏人。郭泰：字林宗，东汉太原人氏。

◎ 译文

　　杜畿是三国时魏人，字伯侯。建安中，畿自荆州还，后至许昌，见侍中耿纪，语终夜。尚书令荀彧与纪比屋，夜闻畿言，异之，旦遣人谓纪曰："有国士而不进，何以居位？"既见畿，如旧相识者，遂进畿于朝。郭泰字林宗，东汉太原介休人，博通经典，在家教授子弟。《尚友录》载："东汉魏昭，童子时求事郭泰，供给洒扫。泰曰：'当精义讲书，何来相近？'昭曰：'经师易获，人师难遭。欲以素丝之质，附近朱蓝。'"于是郭泰名声远扬，学士纷纷归附。

◎ 直播课堂

　　《三国志》载：杜畿字伯侯，京兆杜陵人也。傅子曰：畿，汉御史大夫杜延年之后。延年父周，自南阳徙茂陵，延年徙杜陵，子孙世居焉。少孤，继母苦之，以孝闻。年二十，为郡功曹，守郑县令。县囚系数百人，畿亲临狱，裁其轻重，尽决遣之，虽未悉当，郡中奇其年少而有大意也。举孝廉，除汉中府丞。会天下乱，遂弃官客荆州，建安中乃还。荀彧进之太祖，傅子曰：畿自荆州还，后至许，见侍中耿纪，语终夜。尚书令荀彧与纪比屋，夜闻畿言，异之，旦遣人谓纪曰："有国士而不进，何以居位？"既见畿，知之如旧相识者，遂进畿於朝。太祖以畿为司空司直，迁护羌校尉，使持节，领西平太守。《魏略》曰：畿少有大志。

　　郭泰博览群书而为人正直。魏昭少时多次拜访，愿为随从而扫庭院。并云：经师易遇，人师难遭。故欲以素丝之质，附近朱蓝。

伊川传易，觉范论诗

◎ 我是主持人

　　王维的《袁安卧雪图》中，有芭蕉傲雪而立。因其不和四时，争议颇多。有说他"画入神而不拘四时"；有说他"少不检点、便有纰缪"；有说

他"不合画了芭蕉,误画了芭蕉"。种种解释,都有自己的证据。然而王维以禅入画,画雪卧芭蕉,未尝不可。

◎ **原文**
　　伊川传易,觉范论诗。

◎ **注释**
　　易:易经。

◎ **译文**
　　程颐,字正叔,世称伊川先生,洛阳人,他是北宋哲学家,少年时与兄程颢学于周敦颐。对儒家经典以新的"理性"解释。著有《易传》《春秋传》等。南宋僧人彭觉范,名德洪。他的弟弟曾说:"诗,贵得于天趣。"觉范曰:"何以识其天趣?"曰:"能识萧何所以识韩信,则天趣可识矣。"觉范不同意此说,但又说服不了弟弟。

◎ **直播课堂**
　　伊川:即程颐,字正叔,人称伊川先生,北宋洛阳人氏。程颐著有《易传》《经说》等。
　　觉范:僧人彭觉范,名德洪,南宋人氏。饱读经史子籍,工诗能文。曾有云:诗者,妙观逸想之所寓也,岂可限以绳墨哉。如王维作画雪中芭蕉,自法眼观之,知其神情寄寓于物,俗论则讥以为不知寒暑。
　　德洪所说有些意思。王维笃信佛教,不管诗画,都受到佛学影响。比如《青溪》:我心素已闲,清川澹如此。请留磐石上,垂钓将已矣。这句里面,禅道乍现,以闲、澹两个字,道出参究禅定、明心见性的基本法门。又如《与胡居士皆病寄此诗兼示学人二首》其一有句:因爱果生病,以贪始觉贫。声色非彼妄,浮幻即吾真。若前者初见端倪,后者便是纯粹宣扬佛家道义的禅诗。
　　其例也颇多,暂以此二者论,王维以禅入画,完全有可能。德洪在论述《袁安卧雪图》时,提出一个重要原则:以法眼观看,来探究什么是存在物,什么是存在者。德洪视语言、文字为禅道的直接显现,亦即内心的直接显现。画作与语言、文字相同，一样都是符号。王维以禅入画，画雪卧芭蕉，也是在以心入画，使其有所寄寓。

董昭救蚁，毛宝放龟

◎ **我是主持人**

有句俗语，好心有好报。下面所说的两个故事可能是后人杜撰的事，不过也从侧面说明了做好事的好处。

◎ **原文**

董昭救蚁，毛宝放龟。

◎ **注释**

毛宝：人名，晋人。
董昭：富阳人董昭之。

◎ **译文**

富阳人董昭之曾乘船过钱塘江，见一蚁浮附在短芦苇上，跑到一头便又转身，再向另一头跑，其情甚危。于是，董昭之从江上将蚁救起。夜梦乌衣人来致谢，并说他是蚁王，今后若有事情告诉他。后来董昭因事入狱，求人捉来两个蚂蚁，要它去告诉那蚁王，果然有许多蚂蚁前来咬断绳索挖出洞穴，董昭逃了出来，后来遇赦免难。晋人毛宝，字硕真，十二岁那年，见一个渔人捞得一白龟，毛宝就赎回白龟并放了。后来任郝城守令，与石虎战败投江，足蹬一物，得至岸，回头一看，原来是以前放生的白龟。

◎ 直播课堂

富阳人董昭之曾乘舟过钱塘，见一蚁着短芦走，甚危。董昭之怜此蚁遂救之，会船至岸，蚁缘绳而出。后梦一乌衣客，其从者百人来谢，自云是蚁王，它日董昭之若有难，必定出手营救。后董昭之果遇难，取两三蚁著掌中祝之，蚁结队咬绳挖穴，终得以出狱。事出《齐谐记》。

毛宝，字硕真，晋人。年十二时，曾救一白龟。后任郝城守令，与石虎战，败后投江，其足下有一物而得以不死。上岸视之，乃是白龟。

乘风宗悫，立雪杨时

◎ 我是主持人

杨时程门立雪，尊师重道，可称千古佳话。

◎ 原文

乘风宗悫，立雪杨时。

◎ 注释

宗悫：南北朝时著名武将。

◎ 译文

宗悫少时叔父宗炳问其志愿，悫答曰："愿乘长风破万里浪。"元嘉二十二年（445年）破林邑时为振武将军，城破，珍宝山积，宗悫却没有动一丝一毫的东西。杨时，字中立，是北宋南剑州将乐人。杨时四十岁时曾与游酢拜见理学家程颐，程颐正在闭目而坐，杨时不敢打扰，久立不去。等程颐察觉时，门外已雪深一尺，二人还立在那里。

◎ 直播课堂

宗悫，字元干，南北朝时著名武将。《宋史》载：叔父少文高尚不仕，悫年少，问其所志，悫答曰："愿乘长风破万里浪。"少文曰："汝若不富贵，必破我门户。"

李白在《行路难》三首其一中写：长风破浪会有时，直挂云帆济沧海。我以为，这与其说是志向，不如说是愿望。相比宗悫的"愿乘长风破万里浪"，总是多了几分凄清无奈。

第五章
处世哲思,人物百态

美德、智慧、修养,是我们处世的资本。为对手叫好,是一种谋略,能做到放低姿态为对手叫好的人,那他在做人做事上必定会成功。退一步海阔天空,忍一时风平浪静。对于别人的过失,必要的指责无可厚非,但能以博大的胸怀去宽容别人,就会让世界变得更精彩。

阮籍青眼，马良白眉

◎ **我是主持人**

阮籍是个率直的人，看不起的人就用白眼相待，看得起的人就青眼相加。因此，现在人们常用"青眼有加"或者"青睐"来表示对人的赏识或者喜爱，用"白眼"表示对人的厌恶。

◎ **原文**

阮籍青眼，马良白眉。

◎ **注释**

阮籍：魏国诗人。

◎ **译文**

阮籍，字嗣宗，三国时魏国人，行事不拘礼俗，竹林七贤之一。阮籍的眼睛能变青白两色。如果是庸俗之士，就以白眼对待。一次嵇喜来吊，阮籍用白眼看他，嵇喜不怿而退。嵇喜的弟弟嵇康闻之，就摆酒并带琴来拜见他。阮籍大悦，显露出青眼。马良，字季常，汉末襄阳宜城人。据说马良有兄弟五人，都有才名，良眉中有白毛，乡里为之谚曰："马氏五常，白眉最良。"

◎ **直播课堂**

《阮籍传》中写：籍容貌瑰杰，志气宏放，傲然独得，任性不羁，而喜怒不形于色。或闭户视书，累月不出；或登临山水，经日忘归。博览群籍，尤好《庄》《老》。嗜酒能啸，善弹琴。当其得意，忽忘形骸。时人多谓之痴，惟族兄文业每叹服之，以为胜己，由是咸共称异。

韩子孤愤，梁鸿五噫

◎ 我是主持人

《后汉书》有载：梁鸿靠为别人舂米过活。每次回家时，妻子孟光都已为他准备好食物，举案递过，不敢仰视。这之后，"举案齐眉"原意逐渐改变，引申用来形容夫妻相敬。

◎ 原文

韩子孤愤，梁鸿五噫。

◎ 注释

韩子：即韩非。

◎ 译文

韩非，韩国贵族，法家代表人物，又称韩子，与秦国的李斯同出于荀子门下。韩非看到韩国削弱，屡次以书谏韩王，韩王不用，故作《孤愤》《五蠹》等数十万言。汉代梁鸿，字伯鸾，少贫而博学，娶妻孟光，隐居霸陵山中，一日过洛阳，见宫室侈丽，乃作《五噫歌》："陟彼北芒兮，噫！顾瞻帝京兮，噫！宫阙崔嵬兮，噫！民之劬劳兮，噫！辽辽未央兮，噫！"章帝听到后很生气，下令缉捕。他改姓易名，与妻远居齐鲁之间，为人做工。

◎ 直播课堂

韩子：韩非，韩国诸公子之一，精于刑名法术之学。战国后期，韩国贫弱，韩非多次上书韩王，其意见不得采纳。因此退而著书，写成《孤

愤》《内外储》《说林》等，计十万余言。后为秦王嬴政所用，因李斯、姚贾之妒，并其韩国贵族身份，最终自杀。

梁鸿，字伯鸾，东汉人氏。梁鸿过京师洛阳，登北邙山（又名北芒、北山），见宫阙华丽，民生疾苦，乃成《五噫歌》。后梁鸿更名易姓，隐居于齐鲁之地。

钱昆嗜蟹，崔谌乞麋

◎ 我是主持人

通判是通判州事的简称。宋太祖为加强对知州的控制与监察，乃设通判一职，以防地方官肆意专权。说起来，通判是知州副职，原没有知州权力大。但因系皇帝直接委任，可以向皇帝打小报告，且知州发布的命令必须由通判一起署名方能生效，因此明摆着成了知州的定时炸弹。地方官若想与通判处好关系，就得用钱财打通关节。钱昆要寻"有螃蟹无通判处"，也着实难以寻到。

◎ 原文

钱昆嗜蟹，崔谌乞麋。

◎ 注释

嗜：喜好。

◎ 译文

钱昆字裕之，五代时吴越人。后归宋，官至秘书监，为政宽简便民，喜欢吃蟹，曾经申请到地方任职，说道："就愿意去有螃蟹而没有设通判的地方为官，不会被通判监视行为了，我的愿望就满足了。"北齐年间的河间太守崔谌，倚仗弟弟崔暹的势力，向李绘索要麋角、翎羽。李绘答书曰："翎有六羽，飞则冲天；麋有四足，走便入海。下官肤体疏懒，手足迟钝，不能逐飞追走远事佞人。"

◎ 直播课堂

　　钱昆，字裕之，五代时吴越王钱倧子嗣，后为宋吏。欧阳修《归田录》载：往时有钱昆少卿者，余杭人也。杭人嗜蟹，昆尝求补外郡，人问其所欲何州，昆曰：但得有螃蟹无通判处则可矣。

　　北史有载：河间太守崔谌，恃其弟遏势，从（李）绘乞麋角鸽羽。绘答书曰："鸽有六翮，飞则冲天；麋有四足，走便入海。下官肤体疏懒，手足迟钝，不能逐飞追走，远事佞人。"

隐之卖犬，井伯烹雌

◎ 我是主持人

　　吴隐之能安贫乐道，为雅士，亦是慈父；百里奚能安内攘外，称贤相，却非贤夫。

◎ 原文

　　隐之卖犬，井伯烹雌。

◎ 注释

　　井伯：指百里奚。

◎ 译文

　　吴隐之，字处默，晋濮际人。隐之将嫁女，（谢石）知其贫素，遣妇必当率薄，乃令移厨帐，助其经营。使者至，见婢牵犬卖之。此外萧然无办。春秋时秦国的贤相百里奚,字井伯。家贫,出游不返,其妻无以自给,乃西入秦,结果与丈夫失散了。后来百里奚做了秦相,妻知之,不敢言语。一日,百里奚坐堂上作乐,所请来的洗衣妇自言知音,因援琴而歌者三:其一曰:"百里奚,五羊皮!忆别时,烹伏雌。蹉首,今日富贵忘我为?"问之,原来是过去的妻子,于是赶忙请妻子回来。

◎ 直播课堂

吴隐之,字处默,东晋人氏。嫁女时,谢石知其贫,乃遣人来帮忙。见吴隐之未宴宾客,未置嫁妆,只使一婢牵犬卖之。事见《晋书·吴隐之传》。

百里奚春秋时人。先时,因家贫而出游,与其妻百里杜氏失去消息。后晋献公嫁女给秦穆公,令百里奚作为陪嫁小臣。百里奚心有不甘,逃离秦境,被楚王所获。穆公得悉,用五张黑羊皮将百里奚赎回,加封为五羊大夫。百里杜氏闻讯而来,歌曰:百里奚,五羊皮!忆别时,烹伏雌。蹉首,富贵忘我为?

枚皋敏捷,司马淹迟

◎ 我是主持人

《汉书·枚皋传》载:(枚皋)为文疾,受诏辄成,故所赋者多;司马相如善为文而迟,故所作少而善于皋。后人以"马工枚速",称赞彼此各有所长。

◎ 原文

枚皋敏捷,司马淹迟。

◎ 注释

司马:指司马相如。

◎ 译文

　　枚皋，字少孺，西汉淮阴人，才思敏捷。汉武帝出巡时，每有所感，则命他作赋。他受诏即成。故而扬雄说：军旅之际，戎马之间，飞书驰檄，则用枚皋。司马相如，字长卿，西汉辞赋家，他作了很多赋，至今尚有《子虚》《上林》等名篇传世。其为文首尾温丽，但构思淹迟。控引天地，错综古今，忽然而睡，涣然而兴，几百日而后成。

◎ 直播课堂

　　司马相如，字长卿。构思淹迟，而累有佳作。

　　梁王慕相如的才华，请他作赋。于是相如写了《如玉赋》。梁王欢喜之余，以自己收藏许久的传世名琴绿绮为赠。琴遇君子，其声更为铮铮。相如遇到了文君，用绿绮向她弹了一曲《凤求凰》。两人因琴声而心心相印，是夜私奔，结了姻缘。

祖莹称圣，潘岳诚奇

◎ 我是主持人

　　祖莹，年八岁，即能诵《诗》《书》。好学不倦，昼夜为继。时人称其为圣小儿。中书监高允每叹其：此子才器，非诸生所及，终当远至。潘安，《晋书》载：（潘安）少时常挟弹出洛阳道，妇人遇之者，皆连手萦绕，投之以果，遂满车而归。

◎ 原文

祖莹称圣，潘岳诚奇。

◎ 注释

祖莹，字元珍，北魏大臣，著名文学家。

潘岳：即潘安，西晋文学家、政治家。

◎ 译文

祖莹，南北朝时后魏人。八岁能通《诗》《书》，父母担心他劳累得病，就禁止他长时间读书，他常常在父母寝睡之后燃火读书。由是声誉甚盛，时号为圣小儿。潘岳，字安仁，西晋荥阳中牟人。年少时以才颖见称，乡邑号为奇童。曾为河阳守令，满县种桃李，人称河阳满县花。

◎ 直播课堂

祖莹，字元珍，北魏人氏。他特别喜好读书写文章。中书监高允谈到他都感叹说："这个孩子的才能不是大多数人能够相比的，他一定会大有作为的"，当时中书博士张天龙讲《尚书》，他选为主讲。谁知他在夜里通宵读书，不知道天亮了。老师十分着急地催促他去讲课，他拿错了住在同一个房间——赵郡李孝怡的《曲礼》卷去听课。博士为人严厉，祖莹不敢再回去，就把《曲礼》放在面前，背诵多篇《尚书》，不错漏一个字。祖莹讲完之后，孝怡因为对他感到惊异，就和博士说这件事，大家都觉得很惊讶。高祖听说这件事，召见他，让他背诵五经的章句，祖莹成功做到了，皇帝称赞并赏赐了他。此后祖莹官至太学学士。

紫芝眉宇，思曼风姿

◎ 我是主持人

名利两字，求之而不可得，却之而不可免。有的人却能淡泊名利，落得清闲自在。这样的人也是能成大事之人。

◎ 原文

紫芝眉宇，思曼风姿。

◎ 注释

思曼：张绪。

◎ 译文

唐朝元德秀，字紫芝，河南人。少年丧父，孝事母亲。后为鲁山令，为官清廉自守。后隐居陆浑山中。遇到荒饥，有时候一日不食，弹琴以自娱。房琯每次见到德秀就感叹说："见紫芝眉宇，使人的名利之心都消失了。"南北朝时张绪，字思曼。少有才文，风姿清雅，官至国子祭酒。齐武帝曾称赞蜀地的柳树曰："此柳风流可爱，似绪当年。"

◎ 直播课堂

紫芝：元德秀，字紫芝，唐代人。少年丧父，而事母至孝。参加进士考试时，不忍将其母留在家中，乃背母至京师。善文辞，曾作《蹇士赋》。房琯每见德秀，叹息曰："见紫芝眉宇，使人名利之心都尽。"于天宝十三载卒时，家中唯有枕、鞋、瓢一类生活必备用品，事见《新唐书》。后以紫芝眉宇称赞人的德行高洁。

思曼：张绪，字思曼，南北朝时人。《南齐书》载：张绪少而知名，清简寡欲。口不言利，有财辄散之。史官评其：夫如绪之风流者，岂不谓之名臣。齐武帝亦曾赞蜀地之柳：此柳风流可爱，似绪当年。

毓会窃饮，谌纪成糜

◎ **我是主持人**

谌纪成糜是《世说新语·夙慧》里的第一个故事，让人明白，除了自娘胎里带来的慧根外，后天培养方面与父亲实在大有关系。

◎ **原文**

毓会窃饮，谌纪成糜。

◎ **注释**

毓：钟毓。会：钟会。

◎ **译文**

钟毓、钟会是三国钟繇的两个儿子，钟繇在白天时睡觉，二人乘机偷饮父亲的酒。于是钟繇假睡偷观，见钟毓先下拜后饮，而钟会饮而不拜。事后问其为什么，钟毓说："酒以成礼，不敢不拜。"钟会说："偷本非礼，所以不拜。"东汉恒帝时太丘长陈实的儿子陈谌、陈纪与父亲齐名，号为"三君"。一日，有客来访，父亲与客人谈锋甚敏，二子那时年少，令他们做炊备饭无果。陈谌跪曰："父亲与客人的话语，儿辈窃听，饭食忘记做了。"太丘曰："你能记住我的谈话吗？"二子跪述，言无遗失。

◎ **直播课堂**

陈谌，字季方。陈纪，字元方。谌、纪皆系东汉陈实子，父子三人并称"三君"。《世说新语》载：宾客诣陈太丘宿，太丘使元方、季方炊。客与太丘论议，二人进火，俱委而窃听。炊忘著箄，饭落釜中。太丘问：炊何不馏？元方、季方长跪曰：大人与客语，乃俱窃听，炊忘著箅，饭今成糜。太丘曰：尔颇有所识不？对曰：仿佛记之。二子长跪俱说，更相易夺，言无遗失。太丘曰：如此但糜自可，何必饭也？

陈实评论他的两个儿子陈谌与陈纪时，说：元方难为兄，季方难为弟。看来老子对小子的才华也是不能评出谁高谁低，只能用一句难兄难弟做个总结。

韩康卖药，周术茹芝

◎ **我是主持人**

只要做个诚实守信的人，无论身在何处，总能赢得瞩目。

◎ **原文**

韩康卖药，周术茹芝。

◎ **译文**

韩康，字伯休，常采药卖于长安市，二十余年来从不与人讲价。一次有女子买药，韩康又不讲价，女子生气地说："公是韩伯休吗，为什么不讲价？"康叹曰：我本欲避名，今小女子皆知有我焉，还卖药做什么？"乃隐入霸陵山中，连征不起。周术，字元道，人称角里先生，是传说中的商山四皓之一。曾作《紫芝歌》："莫莫高山，深谷逶迤。晔晔紫芝，可以疗饥。唐虞世远，吾将何归？驷马高盖，其忧甚大。富贵之畏人兮，不若贫贱之肆志。"

◎ **直播课堂**

汉时，有个很有学问的人名叫韩康。他不但熟读经书，而且擅长医道。他常常游览名山大川，采集各种草药，拿到长安集市上卖。

由于他本来是个医道很高的人，因此他采集的各种草药货真价实，向他买药的人只要告诉他病情，他就会选择适当的药卖给买药人。但他有一个习惯，他说药价多少就是多少，不许别人讨价还价；如果买药人讨价还价，他就不卖。

这样，韩康以一个卖药人的身份隐迹市中三十余年，他的"不二价"也出了名。后来，"韩康卖药"这一典故，用来写不求见知于世的医隐生活；用"韩康"来指代隐士或卖药之人。

刘公殿虎，庄子涂龟

◎ 我是主持人

庄子借力打力，用得极妙。妙在持竿不顾，毫不将楚王的邀请当一回事的率性；也妙在让二大夫先说出愿意活在泥中的话来先发制人。

◎ 原文

刘公殿虎，庄子涂龟。

◎ 注释

刘公：即刘世安。

◎ 译文

刘世安，字器之，北宋末年任台谏官。因其直言敢谏，被称为"殿上虎"。庄子钓于濮水，楚王派大夫两名，请庄子前去为官。庄子说，楚有神龟，死了已有三千年，大王叫人将神龟包在锦锻里，又放在竹匣中，郑重藏在宗庙的堂上。这只龟是宁愿留下骨头使人珍藏呢，还是愿意活在泥中摇尾？大夫答：自然是活在泥中摇尾。

◎ 直播课堂

刘公：刘世安，字器之，北宋人氏。直言敢谏，人称"殿上虎"，一时旁侍者无不敬惧。

庄子：庄周，后人称其南华真人，战国时宋国蒙人。《庄子·内篇》载：庄子钓于濮水。楚王使大夫二人往先焉，曰："愿以境内累矣！"庄子持竿不顾，曰："吾闻楚有神龟，死已三千岁矣，王巾笥而藏之庙堂之上。此龟者，宁其死为留骨而贵乎？宁其生而曳尾于涂中乎？"二大夫曰："宁生而曳尾涂中。"庄子曰："往矣！吾将曳尾于涂中。"

唐举善相，扁鹊名医

◎ 我是主持人

《史记》说扁鹊学医于长桑君。长桑君是什么人呢？都不知道，只知道他以禁方传扁鹊，又出药使扁鹊饮。扁鹊喝了此药，从此自己眼睛变成了"扫描透视仪"，可以看到别人的五脏六腑。因此，以医术闻名于世。

◎ 原文

唐举善相，扁鹊名医。

◎ 注释

善：擅长。名：以……为名。

◎ 译文

战国时蔡泽随唐举给人看相，一天蔡泽问唐举："你给我相相面如何？"唐举说："我听说圣人相貌不佳，恐怕就和你的样子差不多。"蔡泽知道他在逗他，说："富贵我自己就有，我所不知的是寿命。"唐举说：

"从今往后可四十三岁。"蔡泽说："富贵四十三年足矣。"后来蔡泽果然如此。战国时名医扁鹊的医术相当高明，他被人们尊为神医。

◎ 直播课堂
唐举，战国时梁人，善相。《荀子》载：今之世梁有唐举相人之形状、颜色而知其凶吉、妖祥，世俗称之。唐举曾相李兑百日内掌赵国政权，相蔡泽余寿四十三年，皆中。

韩琦焚疏，贾岛祭诗

◎ 我是主持人
文章辞赋，诗出天然，何必炼之。盖因唯其自然，才算本真。唯其本真，才见大气。

◎ 原文
韩琦焚疏，贾岛祭诗。

◎ 注释
疏：古代分条说明的文字。

◎ 译文
宋代韩琦年二十登进士，累官至宰相。担任谏官三年，所存疏稿，欲敛而焚之，效古人谨密之义，但是担心没有证据显示他的举荐美德，就集齐七十余章，做成《谏垣存稿》。唐代诗人贾岛每年除夕夜，都要检查一年所作的诗文，并用酒肉祭奠，说："这些都会劳损我的精神，所以要补回来。"后人称这为祭诗。

◎ 直播课堂

韩琦相三朝，立二帝。曾任谏官三年，上疏无数。其所存之稿，本欲焚之，又恐不能显劝谏之功，乃存七十余疏，成《谏垣存稿》。

贾岛，字浪仙，唐代诗人。每至除夕，必取一岁之作置几上，焚香再拜，酹酒祝曰：此吾终年苦心也。典见《唐才子传》。

推敲两个字，本源于贾岛的苦吟。他写的诗句中有一句"僧推月下门"，诗成后，又觉得推字不如敲。反复推敲间，不知不觉，闯进了韩愈的仪仗队。韩愈问明情况后说，还是敲好。

康侯训侄，良弼课儿

◎ 我是主持人

长辈对晚辈应有教导和启迪的责任，不论是学识，还是做人的道理，长辈应尽力培养后代。

◎ 原文

康侯训侄，良弼课儿。

◎ 注释

良弼：余良弼，字岩起，号龙山。

◎ 译文

胡安国的侄儿胡寅，年少时有性格难以制服，胡安国将他关在空阁中，置书千卷在房子里。一年以后，胡寅不遗一卷地能背诵那些文章，遂中进士，累迁起居郎。南宋进士余良弼教子很严，曾写教子诗。

◎ 直播课堂

余良弼，宋建炎二年（1128年）中进士，任枢密院计议官，后出任漳、泉二州（今福建省属）通判。良弼一生勤学，聚书万卷，读后还写有序言，以教导子孙。著有《龙山文集》。教子很严，曾作《教儿诗》：

白发无凭吾老矣，青春不再汝知乎。

年将弱冠非童子，学不成名岂丈夫。

幸有明窗并净几，何劳凿壁与编蒲。

功成欲自殊头角，记取韩公训阿符。

颜狂莫及，山器难知

◎ 我是主持人

颜延之，与谢灵运并称"颜谢"，年少时家境贫寒，喜好读书，无所不览。山涛是竹林七贤之一。王戎曾评论他说："璞玉浑金，人皆钦其宝，莫知名其器。"

◎ 原文

颜狂莫及，山器难知。

◎ 注释

颜：即颜延之，字延年，南朝宋文学家。

山：即山涛，三国至西晋时期名士，政治家，竹林七贤之一。

器：器量。

◎ 译文

南北朝时颜延之的文章冠世，与谢灵运齐名，他的狂妄，无人能比。

西晋人山涛，德高望重，他的器量恢宏难以知道。

◎ 直播课堂

颜狂：颜延之字延年，琅邪临沂人，是南宋著名文学家。其少年丧父而家境贫寒，住在靠近城郭的地方，所居房屋十分狭小简陋。但是他喜欢读书，无所不读，他写的诗词文章之美，在当时是排在首位的，因其与陈郡谢灵运都因词章华丽而齐名，所以与谢灵运并称"颜谢"。山器：山涛字巨源，河内怀县（今河南武陟西）人。山涛虽然很小就失去父亲，家境平寒，但他却很有器量，卓然不群。他生性喜爱《老子》、《庄子》，常常有意掩盖自己的锋芒，不让别人知道。他和嵇康、吕安等人很要好，后来又遇到阮籍，结交成为竹林贤士，成为无话不谈的好朋友。山涛著文集十卷，《全晋文》录入五卷，有《表谢久不摄职》、《表乞骸骨》、《上疏告退》等。

懒残煨芋，李泌烧梨

◎ 我是主持人

懒残隐居于衡山石室，唐德宗慕其名，派人召他入宫。使者到了石室宣读：天子有诏，尊者当起谢恩。懒残不理他，只顾拨灰而寻芋，鼻涕垂流到了下巴上。使者便笑着说："请劝尊者拭涕。"懒残说："我哪里有工夫为欲人拭涕？"这件事，素来被引为佛门佳话。

◎ 原文

懒残煨芋，李泌烧梨。

◎ 注释

懒残：唐朝高僧。

◎ **译文**

　　唐人李繁的《邺侯家传》记载：宰相李泌"在衡岳，有僧明瓒号懒残，泌察其非凡人也，中夜前往谒焉。懒残命坐，拨火中芋以啖之，曰：'勿多言，领取十年宰相。'"李泌是肃宗朝宰相，好神仙道术，时逢其习辟谷术，唐肃宗曾烧梨赐李泌。

◎ **直播课堂**

　　懒残，唐天宝初，衡岳寺执役僧也。退食，即收所余而食，性懒而食残，故号懒残。懒残煨芋，又称"领取宰相"。《邺侯家传》载：（李）泌在衡岳，有僧明瓒号懒残。泌察其非凡人也，中夜潜往谒之。懒残命坐，拨火中芋以啖之，曰：勿多言，领取十年宰相。

　　唐肃宗曾赐烧梨于李泌。并有联句如下：

　　颍王：先生年几许，颜色似童儿。

　　信王：夜抱九仙骨，朝披一品衣。

　　益王：不食千钟粟，唯餐两颗梨。

　　肃宗：天生此间气，助我化无为。

干楛杨沛，焦饭陈遗

◎ **我是主持人**

　　晋人陈遗性至孝，其母好食锅巴。遗常贮存起来留给母亲吃。东晋末年，江浙一带爆发了孙恩领导的农民起义，陈遗应征参加镇压。结果被农民军击溃逃到山中，竟以身带未及送母的锅巴为食，而未被饿死。后用为宣扬孝道的典故。

◎ **原文**

　　干楛杨沛，焦饭陈遗。

◎ 注释

焦饭：锅巴。

◎ 译文

东汉末年时，杨沛曾拿出桑葚和野豆送给缺粮的曹操军队。晋代人陈遗担任吴郡主簿，其母喜食焦饭，陈遗每次煮饭，必定贮之拿回家奉母。陈遗后来在战乱中靠焦饭活命，被举为孝廉。

◎ 直播课堂

杨沛，三国时人。《三国志》载：杨沛字孔渠，冯翊万年人也。初平中，为公府令史，以臊除为新郑长。兴平末，人多饥穷，沛课民益畜乾椹，收㯋豆，阅其有余以补不足，如此积得千余斛，藏在小仓。会太祖为兖州刺史，西迎天子，所将千馀人皆无粮。过新郑，沛谒见，乃皆进乾椹。

陈遗，晋代人，至孝。母好喜食釜底焦饭。遗作郡主簿，恒备一囊，每煮食，辄贮焦饭，归而遗母。后值孙恩掠郡，郡守袁山松即日出征。时遗已聚敛得数斗焦饭，未及归家，遂携而从军。与孙恩战，败，军人溃散，遁入山泽，无以为粮，有饥馁而死者。遗独以焦饭得活。时人以为至孝之报也。事见《世说新语》。

文舒戒子，安石求师

◎ 我是主持人

王安石写了一句诗：明月枝头叫，黄狗卧花心。苏轼见到，觉得不妥，改成：明月当空照，黄狗卧花荫。因为一写一改，苏轼被王安石贬到合浦。在合浦，苏轼认识了明月鸟与黄狗虫，知晓自己改错了诗。后人说苏轼因诗而贬，我说未必。苏轼与王安石的政治立场不同，这才是根本原因。

◎ 原文

文舒戒子，安石求师。

◎ 注释

文舒：三国时期王昶。

◎ 译文

三国魏人王昶，字文舒。曾写文章体现他的戒子之要。宋代王安石曾对其长子说："求师须博学善士。"

◎ 直播课堂

三国王昶，字文舒。曾为其子王浑、王深写《戒子书》。书见《三国志·王昶传》。

王安石，宋临川人，字介甫，晚号半山。世人又称王荆公、临川先生。《初谭集》载：王安石为子求师，要求师者学问渊博、能立规矩以束其子。

防年未减，严武称奇

◎ 我是主持人

人命如草芥，古时女子更连草芥都不如。这泛黄发霉、到处充斥着仁义道德的史书中，究竟有几页不曾写了"吃人"？有几页不曾写了悲愤？

◎ 原文

防年未减，严武称奇。

◎ 注释

防年：汉代人。

◎ 译文

汉朝人防年的继母杀了父亲，防年就将继母杀死，廷尉判他大逆之罪，景帝认为难以量刑，汉武帝时年十二，在旁边说："继母杀其父，下手之时，母道绝矣，是父仇也，不宜以大逆论。"后来就减了他的罪。唐代严武，字季鹰。生母裴氏不讨父亲严挺之的喜欢，挺之独爱小妾玄英。严武当时只有八岁，用铁锤击碎玄英首，左右惊慌地说："孩子无意间杀了玄英。"严武说："哪有大臣厚妾而薄妻的？我是故意杀她，不是戏杀。"

◎ 直播课堂

《通典》载：汉景帝时，防年继母陈论杀防年父，防年因杀陈。依律，杀母以大逆论。帝疑之，武帝时年十二，为太子，在旁，帝遂问之，太子答曰："夫继母如母，明不及母，缘父之故，比之于母。今继母无状，手杀其父，则下手之日，母恩绝矣。宜与杀人者同，不宜与大逆论。"从之。

《新唐书》载：武字季鹰，幼豪爽。母裴不为挺之所答，独厚其妾英。武始八岁，怪而问其母，母语之故。武奋然以铁锥就英寝，碎其首。左右惊白挺之曰：郎戏杀英。武辞曰：安有大臣厚妾而薄妻者，儿故杀之，非戏也。父奇之，曰：真严挺之子！

八岁杀人，而且是以铁锥"碎其首"。如此残忍的事，居然被父亲称奇，闻名天下。怪哉怪哉。更怪的是，写史的人不仅不苛责于严武，反而对此事津津乐道。

邓云艾艾，周曰期期

◎ **我是主持人**

根据以下两个典故，后人引申出"期期艾艾"这一成语，形容口吃的人说话不流利。

◎ **原文**

邓云艾艾，周曰期期。

◎ **注释**

艾艾：形容口吃。

◎ **译文**

三国时魏将邓艾忌口吃，晋文帝戏之曰："卿云艾艾，乃是几艾？"曰："凤兮凤兮，故是一凤。"西汉人周昌口吃，然刚直敢言，高祖刘邦欲易太子，周昌怒曰："臣口不能言，然臣期期知其不可。陛下欲易太子，臣期期不奉诏。"上欣然而笑，太子始定。

◎ **直播课堂**

邓艾，字士载，三国魏人。其人口吃，语称"艾艾"。晋文帝戏之曰：卿云艾艾，定是几艾？对曰：凤兮凤兮，故是一凤。事见《世说新语》。

周昌，西汉人。时刘邦欲废太子，周昌谏言：臣口不能言，然臣期期知其不可。陛下欲易太子，臣期期不奉诏。

周师猿鹄，梁相鹓鶵

◎ 我是主持人

本篇通过两个典故，告诉了我们关于小人和君子的一些道理。如何做一个君子，这是我们应该了解的。

◎ 原文

周师猿鹄，梁相鹓鶵。

◎ 注释

鹓鶵：传说中的鸟。

◎ 译文

周穆王南征时，将士都战死了，传君子变成猿或鸿鹄，小人变为虫子和沙子。

惠施做了梁国的国相，庄子去看他。有人对惠施说："庄子到梁国来，想取代你做宰相。"于是惠施非常害怕，在国都搜捕了三天三夜。庄子前去见他，说："南方有一种鸟，从南海起飞飞到北海去，不是梧桐树不栖，不是竹子的果实不吃，不是甜美如醴的泉水不喝。此时，猫头鹰捡到一只腐臭的老鼠，鸟从它面前飞过，猫头鹰仰头看着，发出'吓'的怒斥声。现在你也想用你的梁国来吓我吧？"

◎ 直播课堂

《抱朴子》载：周穆王南征，一军尽化，君子为猿为鹤，小人为虫为沙。后以猿鹤沙虫喻阵亡之将士或死于战乱之平民。

《庄子·秋水》载：惠子相梁，庄子往见之。或谓曰："庄子来，欲代子相。"于是惠子恐，搜于国中三日三夜。庄子往见之，曰："南方有鸟，其名鹓雏，子知之乎？夫鹓雏，发于南海而飞于北海，非梧桐不止，非练实不食，非醴泉不饮。于是鸱得腐鼠，鹓雏过之，仰而视之曰：吓！今子欲以子之梁国而吓我耶？"

临洮大汉，琼崖小儿

◎ **我是主持人**

十二金人，尤以十二最有意味。一年四季，一季三月，共合十二。八方四面，亦合十二。前者一统千秋，后者一统天下。十二金人之后，又衍生出一所叫佛归寺的寺庙来。当时巨人因为身体过大，不能进临洮县城，乃取道南下。众人随之，至城南紫云山而失其踪。后唐代于此建佛归寺。

◎ **原文**

临洮大汉，琼崖小儿。

◎ **注释**

临洮、琼崖皆为古地名。

◎ **译文**

传说秦王二十六年，在临洮有身长五丈、足长六尺的巨人出现。李守忠奉使到琼崖，见琼州人杨遐举的父亲已一百二十二岁，他祖父活了一百九十五岁。又见梁上鸡窝中一人伸出脑袋，他祖父说："这是九代祖先，不语不食，不知活了多少年。"

◎ 直播课堂

《汉书》载：秦始皇帝二十六年，有大人长五丈，足履六尺，皆夷狄服，凡十二人，见于临洮。是岁始皇初并六国，作金人十二以象之。

太平兴国（宋太宗年号）中，李守忠为承旨，奉使南方。过海至琼州界，道逢一翁，自称杨遐举，年八十一。邀守忠诣所居，见其父曰叔连，年一百二十二。又见其祖曰宋卿，年一百九十五。语次，见梁上一鸡窠，中有一小儿，头下视。宋卿曰：此吾九代祖也，不语不食，不知其年，朔望取下，子孙列拜而已。其事载于《洞微志》。

东阳巧对，汝锡奇诗

◎ 我是主持人

自古以来，巧对对联的典故不少。例如，纪晓岚幼时聪慧异常，能读书而不忘，因此学习较为轻松。学业之余，在墙洞中养了一只家雀。此事被先生知道，一怒之下摔死家雀，并向纪晓岚出上联：细羽家禽砖后死。纪晓岚答：粗毛野兽石先生。

◎ 原文

东阳巧对，汝锡奇诗。

◎ 注释

东阳：明代著名神童。

◎ 译文

明代人李东阳善对对联，年少时见皇帝，因身矮不能迈过门槛，皇帝说："神童足短。"李东阳对曰："天子门高。"皇帝让东阳坐下，他的父亲还站在一旁，帝说："子坐父立，礼乎?"对曰："嫂溺叔援，权也。"帝又曰："螃蟹浑身甲胄。"对曰："蜘蛛满腹经纶。"宋代人陈汝锡幼时聪颖，曾作诗："闲愁莫浪遣，留为痛饮资。"诗人黄庭坚称赞说："我辈人也。"

◎ 直播课堂

　　李东阳，字宾之，号西涯，明代人，六岁即得神童称号。代宗召之入朝觐见，东阳因人小，不能迈过门槛，代宗乃戏云：神童足短。东阳答：天子门高。代宗大喜，乃设宴。席中拿螃蟹试东阳对联：螃蟹浑身甲胄。东阳答：蜘蛛满腹经纶。

　　陈汝锡，字师予，宋代人。有诗云：闲愁莫浪遣，留为痛饮资。此句为黄庭坚所赏。

启期三乐，藏用五知

◎ 我是主持人

　　金庸笔下有十二少：少思、少念、少欲、少事、少语、少笑、少愁、少乐、少喜、少怒、少好、少恶。以十二少比五知，少不如知。

◎ 原文

启期三乐，藏用五知。

◎ 注释

　　藏用：李若拙。

◎ 译文

　　孔子游泰山，见荣启期鹿裘带索，鼓琴而歌，孔子曰："先生何以乐也？"荣启期曰："吾乐甚多。天生万物，人为贵，吾得为人，一乐也；男女之别，男尊女卑，吾得为男，二乐也，生下来有不见日月，不被襁褓者，吾行年九十，三乐也。"宋代李若拙，字藏用，堪破官场之事，曾作《五知先生传》，其云：知时、知难、知命、知退、知足。

◎ 直播课堂

荣启期，春秋时隐士。《列子》载：孔子游于太山，见荣启期行乎郕之野，鹿裘带索，鼓琴而歌。孔子问曰：先生所以乐，何也？对曰：吾乐甚多。天生万物，唯人为贵，而吾得为人，是一乐也。男女之别，男尊女卑，故以男为贵，吾既得为男矣，是二乐也。人生有不见日月，不免襁褓者，吾行年九十矣，是三乐也。

堕甑叔达，发瓮钟离

◎ 我是主持人

东西损坏，若是价值低，可能只是回头顾看，惋惜轻叹。若是价值高，便可能号啕大哭，咒天骂人了。殊不知惋惜也好，咒骂也罢，都不能改变已定之局。

◎ 原文

堕甑叔达，发瓮钟离。

◎ 注释

叔达：汉代孟敏。钟离：东汉人钟离意。

◎ **译文**

　　汉孟敏，字叔达，性刚直。一次手上拿的甑罐坠地，他头也不回离去，林宗见而问他缘故，孟敏说："甑已破矣，视之何益？"林宗奇之。东汉人钟离意为鲁相，出钱修孔子庙。有一个叫张伯的在堂下除草，得到玉璧七枚，藏起一枚，向钟离意报告得到六枚。但是钟离意从悬瓮中发现有文字道："后世修吾书，董仲舒，护吾车，拭吾履，发吾笥，会稽钟离意。璧有七，张伯藏其一。"于是追问张伯，张伯只好承认。

◎ **直播课堂**

　　《后汉书》载：钜鹿孟敏，字叔达，客居太原，未有知名。叔达曾至市买甑，荷担坠地，径去不顾。时适遇林宗，林宗异而问之：甑破可惜，何以不顾？叔达曰：甑既已破，视之无益。林宗以为有分决，与之言，知其德性。谓必为善士，劝使读书游学。十年，知名当世。

　　汉永平中，钟离意为鲁相，到官，出私钱万三千文，付户曹孔䜣治夫子车。身入庙，拭几席剑履。男子张伯除堂下草，土中得玉璧七枚。伯怀其一，以六枚白意。意令主簿安置几前。孔子寝堂床首，有悬瓮。意召孔䜣问：此何瓮也？对曰：夫子瓮也，背有丹书，人勿敢发也。意曰：夫子圣人，所以遗瓮，欲以悬示后贤耳。发之，中得素书，文曰：后世修吾书，董仲舒。护吾车，拭吾履，发吾笥，会稽钟离意。璧有七，张伯藏其一。意即召问伯，果服焉。

一钱诛吏，半臂怜姬

◎ **我是主持人**

　　宋祁看起来很怜香惜玉，然而细观之，又不免有些疑问：一个人的情感，真能分给十余人吗？还不是，"天阶夜色凉如水，卧看牵牛织女星"。

◎ 原文

　　一钱诛吏，半臂怜姬。

◎ 注释

　　诛：杀。怜：担心。

◎ 译文

　　宋朝张咏在崇阳县做官，一个小吏从银库中出来，鬓发上傍有一钱，是库中钱，张咏命令杖打他。小吏勃然大怒说："一钱何足道！你能打我，不能斩我。"张咏拿笔判决："一日一钱，千日千钱；绳锯木断，水滴石穿。"亲自提剑下台阶斩杀了他。宋代宋祁有众多妻妾，一天在锦江赴宴，微寒，派人回家拿短袖上衣，结果众妻妾各送一件，共十余件，宋祁恐怕让妻妾感觉有厚薄之嫌，不敢穿，忍冻回家。

◎ 直播课堂

　　张咏，又称张乖崖，宋代人，时为崇阳令，一吏自库中出，视其鬓旁巾下有一钱，诘之，乃库中钱也。乖崖命杖之，吏勃然曰：一钱何足道，乃杖我耶？尔能杖我，不能斩我也！乖崖援笔判曰：一日一钱，千日千千，绳锯木断，水滴石穿。自仗剑，下阶斩其首。

　　宋祁妻妾颇多，一日于锦江宴饮，偶微寒，命取半臂，诸婢各送一件，凡十余件皆至。宋祁视之茫然，恐有厚薄之嫌，竟不敢服，忍冷而归。

王胡索食，罗友乞祠

◎ 我是主持人

《世说新语》载：罗友，晋人。家贫，乞禄于桓温。为人放诞无束，桓温以为非治民才，乃许而不用。时有同僚被任命为郡守，桓温为其置酒送别。王胡傲骨，罗友奇思。罗友亦被邀请，然而至尤迟晚。温问之，答：臣昨奉教旨出门，于中路见鬼椰榆云：我只见汝送人上郡，何不见人送汝上郡。我因此感到惭愧，思索许久，不知不觉迟到了。后，桓温任罗友为襄阳太守。今人以"鬼椰榆"作仕途坎坷讲。

◎ 原文

王胡索食，罗友乞祠。

◎ 注释

王胡：晋人，字修龄。

◎ 译文

晋朝人王胡字修龄，家贫，陶胡奴担任乌程令，送一船米给他，王胡推辞不受，说："王修龄若饥，当就谢仁祖索食，不须陶胡奴米。"晋代人罗友好酒，喜欢向人求食，如果到得早就躲在门边，等到天亮后得到食物才回来。后来桓温推荐他担任了襄阳太守。

◎ 直播课堂

《世说新语》载：王修龄尝在东山甚贫乏。陶胡奴为乌程令，送一船米遗之，却不肯取。直答语：王修龄若饥，当就谢仁祖索食，不须陶胡奴米。

召父杜母，雍友杨师

◎ **我是主持人**

雍退翁，杨冲远，皆宋代人。张浚任职兴元府时曾问杨用中谁可交游，杨用中答：杨冲远可为师，雍退翁可为友。

◎ **原文**

召父杜母，雍友杨师。

◎ **注释**

召父：西汉召信臣。杜母：东汉杜诗。

◎ **译文**

西汉元帝时，召信臣任南阳太守，兴修水利，教化大行，人称"召父"。东汉杜诗任南阳太守，诛暴立威，爱民罢役，造作水排，百姓说："前有召父，后有杜母。"表示对两人的敬爱。宋代杨用中曾赞誉说："杨冲远可以为师，雍退翁可以为友。"

◎ **直播课堂**

西汉召信臣和东汉杜诗，他们都曾为南阳太守，且皆有善政，使人民得以休养生息，安居乐业，故南阳人为之语曰："前有召父，后有杜母。"见《汉书·循吏传·召信臣》《后汉书·杜诗传》。后以"召父杜母"为颂扬地方官政绩的套语。

秦汉时期，长江流域灌溉以汉水支流唐白河地区最为显著，唐白河的灌溉又以今河南的南阳、邓县、唐河、新野一带较为发达。唐白河地区为冲积平原，年降雨量约九百毫米，气候温和，适于作物生长。这里开发较早，到西汉中期经济已相当发达。农田水利在西汉后期有突飞猛进的发展。元帝时，南阳太守召信臣对此地的水利和农业生产有特殊贡献，受到当地百姓的拥戴，被誉为"召父"。

至东汉时期，南阳水利事业进一步兴盛，南阳太守杜诗在这方面作出了很大成绩，促进了当地农业生产的发展。史载，杜诗"修治陂池，广拓土田，郡内比室殷足"。故南阳人歌之曰：前有召父，后有杜母。即将杜诗誉为"杜母"，与"召父"（召信臣）相提并论，颂扬二人都是老百姓的"父母官"。

直言解发，京兆画眉

◎ 我是主持人

刘克庄《清平乐》写：贪与萧郎眉语，不知舞错《伊州》。词固然好，但眉宇盈盈、情思脉脉之处，又岂是文字所能表达。

◎ 原文

直言解发，京兆画眉。

◎ 译文

唐代贾直言被流放到南海，临行前对妻子说："我去了你就改嫁吧，别等了。"其妻董氏不答，引绳束发，用帛封好，说："非君手不解。"贾直言二十年后回来，妻头上封帛如故，洗头时头发都烂掉了。汉代张敞担任京兆尹，曾亲自为妻子画眉。皇帝听说他画眉的事，就询问起来，对曰："臣闻闺房之内，夫妇之私，有过于画眉者。"皇帝喜欢他的才能，没有责备他，但最终没有重用他。

◎ 直播课堂

贾直言，唐代人。流放南海之前，与其妻董氏云：生死不可期，吾去，可亟嫁，无须也。董不答，引绳束发，封以帛，使直言署，曰：非君手不解。直言贬二十年乃还，署帛宛然。及汤沐，发堕无余。事见《新唐书》。

贾直言一去二十年，归来后董氏方解束发之帛。人生几个二十年，能为夫而守，其诚其志，着实可感。

美姬工笛，老婢吹篪

◎ 我是主持人

篪，横吹竹管乐器。后魏王琛有婢女善于吹篪。时诸羌叛乱，婢女扮作老妇，在阵前吹篪。诸羌闻之落泪，乃降之。痴哉绿珠，壮哉婢女。

◎ 原文

美姬工笛，老婢吹篪。

◎ 译文

晋代石崇有个美姬名叫绿珠，善吹笛，孙秀曾求绿珠不得，就假称圣旨诛石崇，石崇对绿珠说："我为你而获罪。"绿珠说："当效死于君前。"于是投于楼下而死。后魏时期，河间的王琛有个婢女，善于吹篪。诸羌叛乱时，婢女扮作贫妪在阵前吹篪乞讨，诸羌兵将闻之流涕，即相率归降。

◎ 直播课堂

美姬，即绿珠，晋石崇小妾，善笛。孙秀向石崇索绿珠不得，大怒，劝说赵王伦诛石崇。石崇因向绿珠道：我为你获罪。绿珠答：当效死君前，乃跳楼而亡。

河间王琛有婢朝云，善吹篪，能为团扇歌陇上声。琛为秦州刺史，诸羌外叛，屡讨之不下。琛令朝云假为贫妪，吹篪而乞，诸羌闻之流涕曰："何为弃坟井在山谷为寇也?"即降秦。民曰："快马健儿，不如老婢吹篪。"

第六章
仁人志士，信义为重

孟子说："诚者，天之道也，诚之者，人之道也。"诚信是一种人人必备的优良品格。讲诚信的人，处处受欢迎；不讲诚信的人，人们会忽视他的存在。我们每个人都要讲诚信。

敬叔受饷，吴祐遗衣

◎ **我是主持人**

《论语》说：人之过也，各于其党，观过，斯知仁矣。有过能改，便是仁义之举。

◎ **原文**

敬叔受饷，吴祐遗衣。

◎ **注释**

饷：受贿。

◎ **译文**

南北朝时何敬叔为长城令，为政清廉，不接受礼品，有一年逢灾，忽然在门上张榜，接受礼物。数日共得米两千八百石，但是他都取来替百姓交租了。汉代人吴祐担任酒泉太守，为官清正廉明，有一姓孙的官员，私取民财为父买衣，其父曰："有如此太守，怎么忍心谋私。"于是姓孙的官员持衣到吴祐面前服罪，吴祐曰："观过而知仁。"于是将衣服还给了他。

◎ **直播课堂**

何敬叔，南北朝时南齐人。为官清廉，不纳礼品。一年忽张榜收礼，数日得米两千余斛，悉取以代贫民输租。

吴祐，字季英，汉代人，曾任酒泉太守。时有啬夫孙性私取民钱，为父购衣。父得而怒，曰：有君如是，何忍欺之？孙性心中惭愧，乃向吴祐自首。吴祐曰：掾以亲故，受污秽之名，所谓观过斯知仁矣。使归谢其父，还以衣遗之。事见《后汉书》。

淳于窃笑，司马微讥

◎ **我是主持人**

后人以"祝篝车"比喻代价低微而所求甚巨。终南捷径，典出司马承祯与卢藏用。

◎ **原文**

淳于窃笑，司马微讥。

◎ **注释**

淳于：即淳于髡。司马：即司马承祯。

◎ **译文**

战国时齐国人淳于髡，滑稽，善于言谈。当楚国伐齐时，齐王让他到赵请救兵，淳于髡大笑，齐王问何故，淳于髡说："今臣从东方来，见道旁有稻田者，操一猪蹄，酒一盅，祝曰：'瓯篓满篝，污邪满车，五谷藩熟，穰穰满家。'臣见所持者狭而欲者奢，故笑之。"齐王于是给他黄金千镒、白璧十双、车马百驷至赵，赵拨精兵十万，楚国于是退兵。唐代卢藏用举进士不中，后隐居终南山得官，人称随驾隐士。有天台山道士司马承祯到京城，卢藏用指着终南山说："此中大有佳处，何必天台？"司马承祯说："以仆观之，乃仕宦之捷径耳。"

◎ 直播课堂

　　淳于髡，战国时齐国人。司马迁《史记·滑稽列传》列其为首，云其：齐之赘婿也，长不满七尺，滑稽多辩，数使诸侯，未尝屈辱。齐王使淳于髡之赵请救兵，赍金百斤，车马十驷。淳于髡仰天大笑，冠缨索绝。王曰：先生少之乎？髡曰：何敢！王曰：笑岂有说乎？髡曰：今者臣从东方来，见道旁有禳田者，操一豚蹄，酒一盂，而祝曰：瓯窭满篝，污邪满车，五谷蕃熟，穰穰满家。臣见其所持者狭而所欲者奢，故笑之。

　　司马承祯，唐代道士，法号道隐，又号白云子。斯时有卢藏用，隐于终南山，以期能名达天下而入红尘，后武则天果任其为左拾遗。一日偶与司马承祯遇，指终南山问司马承祯：此处佳，何必居于天台山？司马承祯答：以我所见，那里确是仕宦之捷径。卢藏用闻言面有愧色。事见《大唐新语》。

子房辟谷，公信采薇

◎ 我是主持人

　　儒家给予伯夷叔齐很高的评价，这自然是因为社会背景缘故。我是不太喜欢他们的，不敢担当，也不见他们实现了什么价值。他们有一首《采薇歌》，权记于此：登彼西山兮，采其薇矣。以暴易暴兮，不知其非矣。神农虞夏，忽焉没兮，吾安适归矣？吁嗟徂兮，命之衰矣。

◎ 原文

　　子房辟谷，公信采薇。

◎ 注释

　　子房：即张良。公信：即伯夷。

◎ 译文

汉代张良,字子房,辅助刘邦建立汉朝有功,被封为留侯,于是说:"被封为万户侯,这是平民百姓的最高地位了,对我来说已经满足了。"于是采用道教不吃五谷的方法修行。古代孤竹君的儿子伯夷,字公信,与其弟叔齐互相推让,不愿继位,后耻食周粟,隐于山中采薇而食,终致饿死。

◎ 直播课堂

辟谷是道家修炼方法,又称绝粒、断谷等。始于先秦,后代修习者颇多。大约是不食五谷,喝溪水吃野果。辟谷时须循序渐进,初三日,再七日,后半月一月。

卜商闻过,伯玉知非

◎ 我是主持人

伯玉行年五十,追忆过去四十九年,年年有过。其自省自警,着实令人敬佩。

◎ 原文

卜商闻过,伯玉知非。

◎ 注释

卜商:孔子学生。

◎ 译文

孔子的学生卜商,字子夏。曾子指出他的罪过,子夏曰:"我错了,我知道错了。"伯玉,名瑗,春秋时卫国人,据记载他五十岁的时候知道了过去四十九年的过失。

◎ 直播课堂

　　卜商，字子夏，孔子学生。晚年丧子，而致失明，离群索居。曾子怒指其三罪：其一告老回乡，使乡人尊其为师；其二无可称道之事；其三因丧子而失明。子夏投杖而拜：吾过矣，吾过矣。

　　蘧伯玉，名瑗，年五十而知四十九年非。

　　后人以丧明之痛喻失子之悲。

仕治远志，伯约当归

◎ 我是主持人

　　孔子说："父母在，不远游，游必有方"。这句话已流传千年。但有远大志向的人不必拘泥于此。

◎ 原文

　　仕治远志，伯约当归。

◎ 注释

　　仕治：即郝隆。伯约：即姜维。

◎ 译文

　　郝隆，字仕治，晋时高平人，曾在桓温军中任参军。谢安早有隐居之意，因屡征，在桓温军中任司马。有人送给桓温草药，其中有远志。桓温问谢安："此药为什么又名山草？"谢未及答，郝隆应声说："此甚易解，没出来时称为远志，出来就称为山草。"谢安甚有愧色。桓温看看谢安笑曰："郝参军言无恶意。"汉末姜维，字伯约，少年丧父，与母相依为命。被诸葛亮俘虏并归顺后，与母相离。一日得母信，令求当归。姜继回信说："良田百顷，不在一亩；但有远志，不在当归也。"

◎ 直播课堂

　　郝隆，字仕治，晋人。《世说新语》载：谢公（谢安）始有东山之志，后严命屡臻，势不获已，始就桓公（桓温）司马。于时人有饷桓公药草，中有远志，公取以问谢："此药又名小草，何一物而有二称？"谢未即答。时郝隆在座，应声答曰："此甚易解。处则为远志，出则为小草。"谢甚有愧色。桓公目谢而笑曰："郝参军此通乃不恶，亦极有会。"

　　桓温问的"何一物而有二称"，颇有些像脑筋急转弯，又似有影射意味，他的问题出得不好，郝隆答的却妙：处则为远志，出则为小草。这是一语双关的句子，既是说远志，不出而有远志，出则为小草，又隐隐嘲笑谢安：安石不肯出，将如苍生何！如今苍生又将如卿何！

　　郝隆还有个小故事，即是郝隆晒书。讲的是他回故乡隐居。每年的七月七日当地有晒衣服的风俗，家贫的郝隆解开衣扣，袒胸露腹晒太阳，人们问他何故？他傲然地回答道自己在晒书。

商安鹑服，章泣牛衣

◎ 我是主持人

　　以下两个典故告诉我们要安贫乐道，不能因贫穷而堕青云之志。

◎ 原文

　　商安鹑服，章泣牛衣。

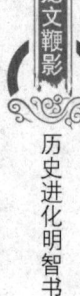

◎ 注释

章:王章。

◎ 译文

卜商,字子夏,卫人,孔门七十二贤之一。子夏家中甚贫,经常穿破旧的衣服却表现得很心安。汉代王章,字仲卿,西汉泰山巨平人。家境贫困,天气寒冷,不得不睡在为牛御寒的草苫中,哭着与妻子告别。其妻怒斥他说:"满朝廷的人谁能超过你的学问,不思激进,反而哭泣,有什么用!"后来王章做了京兆尹,还想得到封赐。其妻又制止他说:"人当知足,应该想想当年牛衣泣涕的时候。"

◎ 直播课堂

商:卜商,即孔子门人子夏。家贫,而能安于破衣旧服。

王章家境颇窘,常卧乱麻草根编成的牛衣之中而泣。其妻斥之:今疾病困厄,不自激昂,乃反涕泣,何鄙也。后王章果有所成。事见《汉书》。后人以牛衣对泣,喻家境贫寒。

蔡陈善谑,王葛交讥

◎ 我是主持人

本篇讲述了两个典故,从中我们了解到互相讥讽,逞一时口快,不利于朋友之间的和谐相处。因此,我们应该学会去忍让。

◎ 原文

蔡陈善谑,王葛交讥。

◎ 译文

　　北宋时蔡襄与陈亚均善诗，好戏谑。一次酒酣，蔡襄题诗曰："陈亚有心便是恶。"陈亚当即对曰："蔡襄无口便成衰。"听到的人都暗暗称绝。晋朝名士王导与诸葛恢共争姓族先后，王导曰："何不言葛王，而言王葛。"诸葛恢说："譬如言驴马，不言马驴，驴宁胜马乎？"相互讥讽。

◎ 直播课堂

　　蔡：蔡襄；陈：陈亚。皆北宋人，好玩笑。两人常会于金山僧舍，酒酣之时，蔡襄题诗：陈亚有心终是恶。陈亚索笔对云：蔡襄无口便成衰。
　　王：王导；葛：诸葛恢。皆晋人。《世说新语》载，两人互相争姓族先后。王导云：何不言葛王，而言王葛。诸葛恢答：譬如言驴马，驴宁胜马乎？

陶公运甓，孟母断机

◎ 我是主持人

　　孟子之母迁宅、断机，陶侃之母责鱼、截发。行为不一，目的皆同。真是"可怜天下父母心"。

◎ 原文

　　陶公运甓，孟母断机。

◎ 注释

　　陶公：即陶侃。甓：砖。

◎ 译文

　　晋代人陶侃任广州刺史时，早晨运砖百块于斋外，晚上又运砖百块于斋内,说:"我要收复中原,不能过于悠闲,否则将会力不从心。"战国时期思想家孟子的父亲死后,由母亲抚养。一天,孟子没有等到放学就回家了,孟母问:"学得怎么样了?"孟子回答说:"就那样呗。"孟母于是用刀砍断正织的布说:"子之废学,犹吾之断斯织也。"孟子惧,旦夕勤学,遂成亚圣。

◎ 直播课堂

侃任广州刺史时,朝运百砖于斋外,暮运回斋内。人问其故,答曰:吾方致力中原,过尔优逸,恐不堪事,故自劳耳。事载于《晋书·陶侃传》。

孟母其夫死后,带子以居,三迁为教。及孟子稍长,就学而归,母方织,问曰:学何所至矣?对曰:自若也。母愤因以刀断其织,曰:子之废学,犹吾之断斯织也。孟子惧,旦夕勤学,遂成亚圣。

第七章
正直练达,铁血道义

  做人要真诚,如此才能得到别人的信任,才能体会人世间的一切美好和温暖;如果一个人整天虚伪地生活,不会真心地对待身边的任何一个人,那么他所受到的惩罚并不是找不到相信他的人,而是他无法相信身边的人们。

少帝坐膝，太子牵裾

◎ 我是主持人

司马昭与愍怀太子小小年纪，便懂得随机应变。相比时下儿童，何异皎月与爝火。

◎ 原文

少帝坐膝，太子牵裾。

◎ 注释

太子：晋愍怀太子。

◎ 译文

晋明帝少时曾经坐在元帝膝上，有人从长安来，帝问长安与太阳哪个远，明帝答曰："当然是日远，没有听人说从日边来的。"第二日集群臣宴会，重问之，乃答曰："日近。"帝失色，曰："何故异昨日之言？"答曰："举头见日不见长安。"晋代愍怀太子小时聪慧，五岁时，宫中失火，武帝登楼观火，太子牵武帝衣服让他进入暗室，武帝问故，对曰："天黑了而且事情突然发生，最好防备异常发生，不要亲近火光，以免让人见到皇上。"

◎ 直播课堂

少帝：晋明帝司马绍，元帝之子。绍少时，坐元帝膝上。时有人从长安来，元帝因问绍：长安与日谁更远？绍答：日远，不见有人由日来。次日集群臣宴会再问，绍答：日近，举目见日，不见长安。元帝异之。事见

《世说新语》。

《晋书》载：愍怀太子，幼而聪慧，武帝爱之，恒在左右。尝与诸皇子共戏殿上，惠帝来朝，执诸皇子手，次至太子，帝曰："是汝儿也。"惠帝乃止。宫中尝夜失火，武帝登楼望之。太子时年五岁，牵帝裾入暗中。帝问其故，太子曰：暮夜仓促，宜备非常，不宜令照见人君也。由是奇之。

卫懿好鹤，鲁隐观鱼

◎ **我是主持人**

叶公好龙，不过使后人也趣也笑。卫公好鹤，却使得后人也啐也恨。

◎ **原文**

卫懿好鹤，鲁隐观鱼。

◎ **译文**

卫懿喜欢鹤，竟让鹤乘大夫坐的车，当狄人进攻卫国时，将士们说："让鹤去打仗吧。"最后卫国大败，懿公也被杀而没有仙鹤来救他。鲁隐公将到棠地观看捕鱼，臧僖伯劝谏说："凡与国家大事无关的东西，国君应该不去重视。"最后隐公也没有听他的话。

◎ **直播课堂**

卫懿公好养鹤，其鹤皆有品位俸禄，上等为大夫禄，次等为士禄。外出游远亦必带其鹤于车前，称鹤将军。时有狄人攻卫，卫懿公欲发兵相敌，臣子皆云：君好鹤，鹤令可击狄。后卫懿公兵败被杀。

蔡伦造纸，刘向校书

◎ 我是主持人

记得林语堂在《国学拾遗》中说，庄子是一个才智的巨人，有玩世的机智。他欢喜庄子，我也是。但我毕竟做不来庄子那样透彻。我也只不过愿自己在匆忙之中，能保留一份对纸笔的敬重罢了。

◎ 原文

蔡伦造纸，刘向校书。

◎ 译文

汉和帝时，宦官蔡伦在总结前人经验的基础上，用树皮、麻头、破布造出纸来，被称为"蔡侯纸"。汉成帝时，刘向任光禄大夫，成帝命他校定藏书，编成《七录》，后其子刘歆继承父业，编成《七略》。

◎ 直播课堂

蔡伦，字敬仲，东汉人。以树皮、麻头、渔网、破布等为原料制造植物纤维纸。

刘向，字子政，西汉经学家、文学家、目录学家。成帝时任光禄大夫，校书藏书，编成《七录》。

朱云折槛，禽息击车

◎ 我是主持人

百里奚生前，举贤任能，施德树威；百里奚死时，男女流涕，童子不歌。孟尝也说：窃感禽息，亡身进贤。只此禽息便当得上大英雄。

◎ 原文

朱云折槛，禽息击车。

◎ 注释

禽息：春秋时秦国大夫。

◎ 译文

张禹为汉成帝丞相，为相六载，年老退位后，仍能左右朝政，且后帝师常因私而谋利。时有朱云于朝上痛陈张禹之罪，成帝不认同反而大怒，下令赐其死。朱云紧攀殿前栏杆而不就范，栏杆竟因此折。成帝感其忠良，乃赦之无罪。后以朱云折槛称颂为臣子者敢于直谏，气节非凡。

禽息，春秋时秦国大夫，向秦穆公荐百里奚，穆公不纳，乃以头击穆公车。

◎ 直播课堂

朱云年少时轻财好侠义，到四十多岁才拜师好好读书，官拜槐里令。汉成帝时，丞相安昌侯张禹晋升为帝师，地位显赫。一次，朱云上书求见成帝，当着诸大臣的面，对成帝说：今朝廷内有一位大臣，上不能正主，下无以利民，占着高位不干事，光拿俸禄不谋其政，像孔子所说的，鄙夫不可与事君。如果不肯把这种人除掉，国家将不知道会发生什么事，臣请陛下赐尚方剑杀一奸臣，以激励其他官员。成帝问指谁？朱云说安昌侯张禹。成帝大怒曰：小臣居下毁谤上官，公然在朝廷辱骂帝师，罪死不赦！御史奉命推朱云下殿，欲斩之。朱云死死抓住御殿栏槛不放，栏槛被折断。朱云在殿上大声疾呼：臣在九泉之下与龙逢、比干作伴足矣，臣死不足惜，但未知朝廷该怎么办！陛下将蒙受杀直谏大臣的恶名。在场的左将军辛庆忌，摘掉自己的官帽，解下官印和绶带，叩头说：朱云性情狂直，早已尽人皆知，陛下对他不可太认真，假如他说得有点道理，不能杀，说得不对，也应该宽恕他。臣愿以死相保，请求免他一死。成帝怒气稍解，免了朱云死罪。被折断的栏槛原样修复，不让换新的，以表彰忠臣冒死直谏的精神。事后，朱云虽免遭杀身之祸，但意见未被采纳，张禹继续做帝师。朱云在家闲居，活了七十多岁。

朱云折槛的故事广为流传，被后世文人、画家作为文艺题材加以表现。以"攀槛、折槛、槛折"等指直谏或形容进谏激烈；以"朱云节""朱云折槛"称颂臣子敢言直谏，具有非凡的气节。

耿恭拜井，郑国穿渠

◎ 我是主持人

战国时韩国为使秦不犯韩，派水工郑国至秦，劝秦修渠。秦王察其意图，欲斩郑国。郑国陈说渠成之利弊，工程得以继续完成。后此渠命名为郑国渠。

◎ 原文

耿恭拜井，郑国穿渠。

◎ 注释

耿恭：东汉人，字伯宗。

◎ 译文

东汉人耿恭领兵据守疏勒城，匈奴人断绝城中水源。耿恭掘地十五丈无水，于是对天祈祷，一会儿泉水奔出。匈奴以耿恭为神，于是自动解开包围。战国时韩国为防止秦国的进犯，派水工郑国劝秦国修渠，以消耗其国力。秦国发觉了韩国的用意，要杀郑国，郑国曰："开始时臣虽然是用计，然渠成亦秦之利也。"渠修成后，灌溉良田万亩，秦国逐渐富强，于是命名该渠为郑国渠。

◎ 直播课堂

耿恭，东汉大将。率军驻守西域边城如车师、金蒲城、疏勒城等地。在疏勒城被北匈奴围攻，耿恭率领数百人坚守半年，城中粮尽水绝（"拜井"得水是传说）。汉朝救兵来解围时，只余二十六人。其间单于曾招降，耿恭誓死不屈。回朝走到玉门关时，剩下十三人，时人称颂他"节过苏武"。

国华取印，添丁抹书

◎ 我是主持人

涂鸦一词，源于"忽来案上翻墨汁，涂抹诗书如老鸦"。但现在的涂鸦已成为风尚，与诗句所言已极不相称。还是诗句活灵活现，将小儿顽皮之态尽揽其中。

◎ 原文

国华取印，添丁抹书。

◎ **注释**

国华：即曹彬。

◎ **译文**

宋代曹彬字国华，曾灭南唐。在他周岁抓周时，左手持干戈，右手持俎豆，又取一印，人皆异之，后被封为鲁国公。唐代卢仝为儿子取名叫添丁，卢仝曾写《示添丁》："忽来案上翻墨汁，涂抹诗书如老鸦。"

◎ **直播课堂**

曹彬，字国华，北宋大将。时值周岁，父母以百物列席以供其抓周，曹彬左手持干戈，右手持俎豆，又取一印，他无所视。人异之。

添丁，唐代卢仝之子。卢仝有诗《示添丁》：忽来案上翻墨汁，涂抹诗书如老鸦。

抓周之始，是在江南。小儿一周之时，男孩身边便放弓箭纸墨，女孩身边便放针线服饰，也有个名头的，叫"试儿"。据说此方法可以以小见大。《红楼梦》中的贾宝玉抓周，便因只抓了胭脂水粉，惹得他父亲认定他系浪荡子、不思进取之辈，从此不爱他。

细侯竹马，宗孟银鱼

◎ **我是主持人**

唐朝五品以上官员，按级别分别佩金、银、铜鱼，而翰林学士佩鱼自蒲宗孟开始。

◎ **原文**

细侯竹马，宗孟银鱼。

◎ 注释

细侯：即郭伋。

◎ 译文

汉代郭伋曾有恩于民，当他任并州牧时，儿童数百名骑竹马迎拜。北宋蒲宗孟，担任翰林学士，皇帝说："翰林职清地近，而官仪未备，自今宜佩鱼。"

◎ 直播课堂

郭伋，汉人，字细侯。时任并州牧，行至美稷县时，有儿童数百名骑竹马道次迎拜。郭伋奇而问询，小儿答：闻使君到，喜，故来奉迎。

若要愚弄孩童却极为不易。只因孩童天真纯朴，眼中心中没有机关，好便是真的好，坏便是真的坏。郭伋能得百小儿竹马相迎，也算是人生无憾了。

蒲宗孟，宋人。神宗爱其才，命其修两朝国史，为翰林学士兼侍读，又赐其可以官服之上配饰金鱼。

学士官服配饰金鱼，便由蒲宗孟而始。

管宁割席，和峤专车

◎ 我是主持人

和峤珍重自爱，颇负一时盛名，但他同时也是个爱财如命的人。他爱钱，有钱也不花，吝啬得紧。这虽是件小事，却给后人增加了些许谈资，也算有趣了。

◎ 原文

管宁割席，和峤专车。

◎ 注释

割：分割。

◎ 译文

三国时管宁与华歆同席读书，因华歆与他志向不同，管宁遂割席分坐曰："子非吾友也。"晋朝中书监与中书令常同乘一车入朝，至和峤担任中书令时，因鄙视中书监荀勖的为人而不愿与他同乘，遂乘坐专车。

◎ 直播课堂

管宁，三国时期名士。《世说新语》有云：管宁、华歆尝同席读书，有乘轩冕过门者，宁读如故，歆废书而观，宁割席分座曰：子非吾友也。

和峤，西晋人，字长舆。时和峤为中书令，荀勖为中书监，当同乘一车入朝。和峤不耻荀勖为人，遂专乘一辆，与之抗衡。

安贫乐道，好学不殆，已经十分了不起。难得的是，管宁还能闹市取静，闲读一隅。有这样定力的人，除非自己不愿成就大事，否则必是国家栋梁之材。

管宁、华歆还有另一则故事：两人在园里锄菜，管宁一锄下去，翻出一锭金子。他视而不见，继续劳作。华歆明知不当捡，却仍旧捡来看看。此后虽然扔掉了，但他内心的欲望却已彰显无疑。两相对比，优劣自见。

渭阳袁湛，宅相魏舒

◎ 我是主持人

渭阳即渭水北。《诗经·秦风》中有一首诗，名字便是"渭阳"：我送舅氏，日至渭阳。何以赠之，路车乘黄。我送舅氏，悠悠我思。何以赠之，琼瑰玉佩。自此以后，舅父方别称渭阳。

◎ 原文

渭阳袁湛，宅相魏舒。

◎ 注释

渭阳：指舅父。

◎ 译文

晋朝人谢绚，曾在一次宴席上对其舅袁湛无礼，袁湛说："你父亲当年就小看我，你现在又重复这个，看来世间真的不存在舅甥之间的情谊。"晋朝魏舒年少时住外婆家。相宅的人说："必出贤甥。"魏舒自负地说："当为外家成此宅相。"后来果然担任司徒。

◎ 直播课堂

袁湛，晋人。谢绚为袁湛甥，却对舅父无礼。袁湛甚不堪之，谓曰：汝父昔已轻舅，汝今复来加我，可谓世无渭阳情也。事见《晋书》。

魏舒，晋人。少孤，为外祖母所养。外家起宅，有相宅者说：必出贵甥。魏舒回答道：当为外氏成此宅相。后果任司徒。

永和拥卷，次道藏书

◎ 我是主持人

藏书是个好习惯。拥书万卷，闲来只是翻检一番，心中也是喜悦无比。更况风清月朗之时，持卷在手，时吟时得。但有的人藏书，却不是用来看的，而是用来炫耀的。在他们的办公室内，书柜之中塞满了书，但每一本都干干净净，字里行间连个手指印都没有。

◎ 原文

　　永和拥卷，次道藏书。

◎ 注释

　　永和：指三国时李谧。

◎ 译文

　　三国时李谧，字永和，李谧年少好学，立志以琴、书为业，做书籍的整理、校勘，朝廷屡次征召不应，他曾说："丈夫拥书万卷，何暇南面百城。"晋代宋次道，家中藏书都校三五遍，士大夫多以次道家中藏书为善本，在他家附近租房居住，以求借书方便，因此他家附近的房租都比别处贵。

◎ 直播课堂

　　李谧好学，博览群经。尝云：丈夫拥书万卷，何暇南面百城。

　　宋次道，晋人。家中藏书颇多，每本都雠校三五遍。时人为向他借书方便，都搬至他家附近居住，导致他家附近房租高涨。

　　看过一位朋友的故事。说一人藏书十年，得千本，寄放在朋友家中。朋友因为不慎将书全卖掉。此人立时吐血，损了半条命。无可奈何，又积十年，复得千本。

镇周赠帛，宓子驱车

◎ 我是主持人

　　张镇周深知自己即任舒州都督，故交就一定有求于己。与其让他们先开口，倒不如自己先封住他们的嘴。这一招先发制人用得妙。

◎ **原文**

镇周赠帛，宓子驱车。

◎ **译文**

唐代张镇周，在唐高祖时从寿春迁任舒州都督前，到故宅探望，与亲友欢聚数十日，又将金帛赠给亲友，说："今日犹得与故人欢欣，明日则舒州都督，治理百姓，官民礼隔，不复得为交游。"宓不齐，字子贱，任单父地方官。临行前阳昼告诉他说："我见识浅陋，不懂治民之术，只能告诉你钓鱼的方法，投下鱼饵就上钩的，是阳桥鱼，肉薄而味不美；若即若离者是鲂鱼，肉厚而味美。"宓不齐到达单父后，前来迎接的达官贵人相拥于道，宓不齐说："车驱之，车驱之！阳昼所说的阳桥鱼到了。"

◎ **直播课堂**

张镇周，唐代舒州人。由寿春转任舒州都督。回至舒州后，他宴请亲朋故友，又分金帛给他们，泣泪作别。并对他们说：今日犹得欢饮，明日则官民礼隔，不复交游。自此一无所纵，境内肃然。

宓子贱，鲁国国君使他治理单父县。行前，子贱问道于渔者阳昼。阳昼说：钓鱼之时，迎钩而上的鱼叫阳桥鱼，这种鱼瘦并且味道不鲜美；要吃鱼食又似不吃的鱼叫作鲂，这种鱼十分肥美。后，子贱将至单父县，见富者官吏于道边相迎，不禁驰车云：夫阳昼之所谓阳桥者至矣。

子贱治单父，每日多弹琴自娱，很少出户，单父县却一派富饶景象。后来巫马期治理单父，每日顶星而去，顶星而归，然而政绩一直不理想。因此巫马期问道于子贱，子贱说：我发动众人之力，自己自然就安逸了。现在有许多人学习行政管理，甚至评定级别，但效果一直不大。其实不如看看子贱这个小故事。要知道，一个好的管理者实在不必事必躬亲，而是要知用人之术。

廷尉罗雀，学士焚鱼

◎ 我是主持人

说到底，冷也好，暖也罢，最终无非一个土馒头。该淹的淹，该散的散。来也单单，去也寂寂。知晓此理，就不妨待一切都淡定平和些。

◎ 原文

廷尉罗雀，学士焚鱼。

◎ 注释

廷尉：指翟方进。学士：指张褒。

◎ 译文

汉代翟方进担任廷尉，门前宾客盈门，等他罢免官职，没有人来拜访，简直是门可罗雀。后复起用，有宾客欲往，翟方进在门上写道："一死一生，乃知交情；一贫一富，乃知交态；一贵一贱，交情乃见。"南北朝时张褒，任翰林学士。梁天监中，御史弹劾他不供学士职，张褒曰："碧山不负吾。"就焚掉佩戴的翰林学士银鱼而去。

◎ 直播课堂

翟方进，字子威，西汉人。任廷尉时，家中宾客满坐。及废，门前几可罗雀。又复起用，宾客又至。翟方进深为感叹，在门上写：一死一生，乃知交情；一贫一富，乃知交态；一贵一贱，交情乃见。

许多有权有势的人，相识都遍及天下。但真正的朋友，只是当他无权无势时还守着他的人。人在患难之时，最易看清谁是谁非。

冥鉴季达，预识卢储

◎ 我是主持人

十五岁的小女子，果真能识英雄于草莽吗？或是李翱托词也不一定。

说起识英雄，倒想起黄蓉来。郭靖与她初遇之时，口舌愚笨、武功低微。黄蓉喜欢他，自然是喜欢他那番侠义心肠。这英雄二字，不论文武，斯人必有异于常人之处，这是错不了的。

◎ 原文

冥鉴季达，预识卢储。

◎ 注释

季达：即杨仲希。

◎ 译文

宋代杨仲希，字季达，年轻时在成都某家做客，主人家少妇出来向他调情，季达正色拒绝。他的妻子在家中梦见有人对她说："你丈夫独处他乡，不在暗处做亏心事，神明知道了，一定会得第一名。"后来果然如此。唐代卢储考进士，投书拜见尚书李翱。李翱的大女儿十五岁，看见书信，说："此人必定会考中状元。"李翱于是招他为女婿，次年，卢储果然中榜首。

◎ 直播课堂

杨仲希，字季达，宋代人。客居成都，主人妻子向他调情，不受。后，其妻梦中闻一人说：你的丈夫身在异乡，却不因你不知道而做对不起你的事。这件事神明已经知晓，一定保佑他夺魁。杨仲希磊落光明，实在可敬。

卢储，唐代人。曾向时任尚书的李翱投卷，求其荐举。李翱斯时正有要事，便将卷暂置于案上。其女时年十五岁，偶然见卢储卷，对侍女说：此人必为状元。李翱深以为异，乃招卢储为婿。第二年卢储果为状元。完婚之夜，卢储作《催妆诗》赠给妻子：昔年将去玉京游，第一仙人许状头。今日幸为秦晋会，早教鸾凤下妆楼。

下篇 《龙文鞭影》深度报道

第一章
别让欲望毁了自己

欲望是人最原始的、最基本的本能。欲望可以使人成功,也可以使人失败。

太上皇

古时皇帝没去世前就退了位，被称作"太上皇"。皇帝退位成为太上皇，大致有两种原因。

一种原因是皇帝自己愿意退位，如清朝的乾隆皇帝。乾隆在他在位六十年时退位，儿子嘉庆继位，乾隆为太上皇，不过这一年他已经八十四岁。乾隆退位后实际仍掌权，五年后去世，乾隆可以算是善终。

战国时赵国的赵武灵王也是自愿退位的，不过那时还没有太上皇这个词，赵武灵王退位后，称为主父。不过赵武灵王没有安排好儿子继位的事，他让次子赵何继了位，为赵惠文王，长子赵章反了，被杀。可赵章被杀时是躲在赵武灵王这儿，因此杀赵章的大臣怕日后赵武灵王再杀了他们，于是将赵武灵王困在行宫里，饿死了，赵武灵王没能善终。

另一种皇帝被迫退位，如唐高祖李渊。李渊还在位时，次子李世民杀了哥哥太子李建成和弟弟李元吉，李世民被立为太子，李渊退位，让位于李世民。虽然史书上没有明说李渊是被逼，但李渊的无奈是可想而知的。李渊过了些年去世，倒是善终。

唐朝还有一位皇帝是被逼退位的，他就是唐玄宗李隆基。

安史之乱发生后，唐玄宗逃到了蜀，太子李亨在灵武即皇帝位，是为唐肃宗，组织平叛，唐玄宗被迫退位。几年后唐玄宗去世，虽是善终，但最后几年活得也真是窝囊了。

还有一个比较有意思的太上皇，就是隋炀帝，因为隋炀帝既不是自愿退位，也不是被逼退位。

隋朝末年，天下大乱，可隋炀帝还是在这时去了南方的江都。李渊在太原起兵，攻下了长安，但此时李渊自己倒没有称帝，而是立了代王杨侑为隋的皇帝。一朝不能同时有两个皇帝，但李渊他们此时也没有办法让隋炀帝怎么样，于是想出了一个简单的办法，他们"遥尊"隋炀帝为太上皇，把这个问题解决了，因此隋炀帝在既没人通知他，也没征求他的意见的状况下，稀里糊涂地就成了太上皇。隋炀帝后来被宇文化及杀了，不过这跟李渊他们就没有关系了。

看来，做太上皇也不是件容易的事。

赵武灵王被饿死沙丘

赵武灵王胡服骑射，使赵国强大了，可是，他却没有把儿子的事安排好，终于酿成了大祸。

赵武灵王的长子是赵章，次子是赵何。长子赵章平时很放纵，赵武灵王就没有让他继位，而是让次子赵何继了位。对此赵章很是不满，赵武灵王就封了赵章为代郡的安阳君，又让田不礼做了赵章的相国。可赵武灵王这样安排田不礼，就更坏了事。

一天，大臣李兑对肥义说："公子章正值壮年，又很骄狂，再加上党徒众多，他是不是有什么私心，要起事？"

肥义听了，没说什么。

李兑又说："田不礼的为人也是残忍而骄狂，这两个人凑在一起，我看他们必定会有阴谋，想凭侥幸作乱。并且小人要是有了私欲，就会轻虑浅谋，只看见利却看不见害，同类之间再互相怂恿，可就要大祸临头了。我看，出这样的事不会有多久了。"

停了一下，李兑又对肥义说："您既任重而又势大，祸乱一起，必定要先殃及您了。仁者能博爱万物，智者则能防患于未然，若是不仁不智，还怎么治国呢？您为什么不称病不出来，将政事托付给公子成，您可不要让怨恨交集于您。事情不是对您，您可不要成为祸事经过的阶梯。"

肥义说："不能这样，当初主父把大王托付给了我，说：'不要改变你的法度，不要改变你的心志，一心坚守，直到你去世。'我再拜受命，也记录在册。如今若是畏惧田不礼发难而忘了我记载的王命，这不就是变节了吗，还有什么比变节罪过更大呢？当初接受了王命，现在又不想保全，这不就是负心了吗，有什么过错比负心更大呢？变节负心之臣，为刑罚所不容。谚语说：'死者如若能复生，生者面对他应当不羞愧。'我已经有言在先，就必定要全力去实现它，怎么能只顾保全我自己呢？况且忠贞之臣就是要在危难之时显示他的气节的！您是爱护我，对我赐教，这我知道，但我已经有言在先，不能失言了！"

李兑听了，很悲伤，说："那你谨慎从事吧，我怕是只能在今年见到你了！"

李兑说完哭着走了。

然后李兑又几次去见公子成，和公子成商量，以防备田不礼起事。

过了几天，肥义见到了信期，他对信期说："公子章和田不礼太令人担忧了。他们表面上说的都是善，但心里面实际上却都是恶，这样来做人，就既不像儿子，也不像臣子了。我听说，奸臣在朝，是国家的祸害；谀臣在宫中，是君主的蠹虫。这两个人贪欲很大，在宫中又得到主父的宠爱，这样他们就会到外面去暴虐横行了。我想，他们要是假托君命，也不会当作什么了不得的事，因此若是出了这样的事，也不应当在意料之外。但是，这样灾祸可就要殃及赵国了。如今我十分忧虑，夜里也睡不着觉，饿了也想不起吃东西。我想，对逆贼的出入不可不防，从今天起，若是有人来见大王，必须是我先见，我要用自己的身体来护卫住大王，没有事才能让大王去见！"

信期说："太好了！我能听见这样的话可真是太好了，只是你也要小心了。"

赵惠文王四年，臣子们都来朝见国君，安阳君赵章也来了。

赵武灵王让赵惠文王临朝，自己躲在一旁，偷偷地看群臣和宗室朝见。他看见赵何坐在王位上，大臣们朝见，很是满意，可当他看见赵章时，心一下凉了。

赵武灵王看见，赵章这个长子跪在那里，对着弟弟称臣，样子也很颓丧，真是心疼了，也可怜起赵章来了，觉得没有让赵章继承王位，太亏待赵章了。退了朝，赵武灵王就想开这件事了。赵武灵王忽然想，要不就把赵国分了，分为赵和代，让赵何还在这里做赵王，让赵章在代做代王，这样两个人就都得到了。可赵武灵王又想，这样会不会出什么事呢？想到这他又犹豫了，定不下来了。

过了几天，赵武灵王和赵惠文王出去游玩，到了沙丘的行宫，分住在两处，公子章和田不礼觉得机会来了。他们把自己的党徒集合起来，准备作乱。

赵章和田不礼准备好后，派人装作赵武灵王的内侍，去召赵惠文王来见主父赵武灵王，想在赵惠文王来见时就把他杀了。

赵惠文王来了，赵章他们在屋子里准备好了，人一进来，他们立即用剑逼上了。可仔细一看，进来的却不是赵惠文王，而是大臣肥义。肥义一见这种情形，立即大喊了起来，赵章和田不礼又气又急，一剑把肥义给杀了，冲了出来。外面的高信保护着赵惠文王，边打边退，退回了自己的地方。赵章与田不礼把赵惠文王的行宫围了起来，但高信他们守着，赵章他们攻不进去。

这边出了事，在都城邯郸的公子成和李兑立即知道了，迅速地从邯郸赶来，带了四个城的士兵。大军一到，把田不礼和他们的党徒都杀了。赵章逃了出来，看看情势不好，就跑到赵武灵王这来了。赵武灵王知道事情紧急，就让赵章躲到了他住的地方。但随后公子成和李兑把宫室都围起来了，进来搜查，搜到赵章后，把他杀了。

赵惠文王这时任命公子成为相国，号安平君，任命李兑为司寇。

赵章死了，事情应当完结了，但公子成和李兑又在一起商量开了。

他们说："因为赵章的缘故，把主父也围了，若是解了围，我们曾经围了主父，这也是要灭族的，这个围还是不要解了。"

公子成和李兑于是仍旧让兵围着赵武灵王的行宫，并命令宫里的人说："谁不出来就灭了族！"

宫里的人一听，都吓得跑出来了，可士兵们却不让主父赵武灵王出来。

赵武灵王出不来，又没有吃的，只好去抓刚孵出来的幼鸟吃。可这毕竟不能挨多长时间，三个多月后，主父赵武灵王饿死在沙丘的行宫。

廉颇虽能终不被用

赵孝成王在位二十一年去世，儿子赵偃继位，为赵悼襄王。

赵悼襄王继位后，派乐乘代替廉颇统兵，廉颇火了，以前他被赵孝成王罢免，赵国却打了败仗，长平一战死四十多万人，后来赵孝成王又用了自己，这才打败了燕国，可现在又不用自己了！廉颇这次不想忍了，就带兵攻打乐乘，乐乘战败，逃走了。赵悼襄王也火了，廉颇在赵国也没法待了，只好去了魏国，在国都大梁住下了。

廉颇在魏国待了很长时间，魏国也不用他，因为魏国不信任他。就在这时，秦国又来攻打赵国了，赵悼襄王就又想起廉颇来了，想再用廉颇。可是，赵悼襄王也犹豫，因为他知道廉颇虽然能打，但他岁数毕竟太大了，不知道现在还行不行。想来想去，赵悼襄王觉得还是应当派个人去看一看，看看廉颇到底行不行。

廉颇有个仇人叫郭开，是赵悼襄王的宠臣，他一听见这个消息就慌了神，廉颇要是回来自己可就麻烦了，想了想，想出来个坏主意。

郭开把去看廉颇的使者找来了，说："是你去魏国见廉颇吗？"

使者说："是。"

郭开说："见了廉颇以后，回来怎么对大王说啊？"

使者知道郭开和廉颇有仇，也明白了郭开的意思，是不想让自己给廉颇说好话，不过他故意装糊涂。

使者说："我自然是据实说呀。"

郭开不高兴了，他知道使者是在装糊涂。

郭开说："我也不绕弯子了，你得把廉颇说得不能回来。"

使者说："这不太好吧？"

郭开说："什么好不好的，这还不就在你一句话。"

使者看着郭开，不说话了。

郭开一下明白了，想自己也是糊涂了，怎么把给人家好处给忘了呢。

郭开于是说："自然不能让你白说。"说完把准备好的黄金拿出来了。

使者一见有这么多的黄金，喜笑颜开地说："您干什么这么客气，放心吧，我知道应当怎么说。"

使者到了魏国的大梁，来见廉颇。廉颇听说赵国的使者来见他，立即明白了，这是赵王还想要用他，派人来先看看，于是让多准备了饭，留使者一起吃饭。吃饭时，饭一碗接一碗地盛，肉也吃了有好几斤。吃完了饭，廉颇又戴上盔，披上甲，骑在马上练了一番，让使者看见了，他精气神都好，带兵打仗还照样能行。使者也没说什么，和廉颇客气地告了别，回去了。

使者回到了赵国，见了赵悼襄王。

赵悼襄王问："廉颇老将军现在怎么样？"

使者说："廉颇老将军虽然老了，但精神还很好。"

赵悼襄王想，那这廉颇还可以，但还是不太放心，又问："廉颇老将军吃饭怎么样？"

使者说："很能吃，当着我的面，吃得很多。"

赵悼襄王想，廉颇想必也是要当着使者的面显得他能吃了，不过能吃也就行了，要是身体不行，饭量首先就不行了，他觉得放心了，廉颇还行。

可赵悼襄王再看使者，他好像还有什么话说，想，他是不是还留着什么话没说。

赵悼襄王问使者："你说的这都是真的吗？"

使者说："都是真的，不过有句话不知道应不应当说。"

赵悼襄王说："叫你去不就是看看是什么情形吗，有什么应不应当说的。"

使者这时说："廉颇老将军的饭量、精神都很好，只是和我坐了这一阵，他就出去拉了三次屎。"

赵悼襄王听了，愣住了，他想，廉颇还是不行了，他是硬撑着吃饭，不过毕竟是不行了，他还是老了，这要是领兵打仗，怎么能行呢，难道一直去拉屎？赵悼襄王叹了口气，想还是算了吧，廉颇是指望不上了。

廉颇终究没能等上赵王用他。

商纣王荒淫残暴

　　商朝乙帝的长子叫微子启，他的母亲低贱，因此启不能继承帝位。乙帝的小儿子叫辛，辛的母亲是王后，因此辛被立为继承人。乙帝去世，小儿子辛继位，为辛帝。天下称辛帝为"纣"，因为辛帝死后谥为"纣"。而依据谥法，"纣"的意思是残害义并且损害善。

　　其实，纣天资聪颖，能言善辩，行动敏捷。纣还气力过人，能徒手与猛兽格斗。可是，纣王却没有好好地运用他的聪颖，而是用他的聪颖来做坏事，因此就变成了：他的智慧足以让他拒绝臣下的劝谏，他的言辞足以让他掩饰自己的过错。纣王常常以自己的才能出众，在大臣的面前夸耀自己，对待天下的人和诸侯，他也是以自己的声威来抬高自己。纣王是觉得，天下所有的人都比不上他。

　　纣王喜欢喝酒，更喜欢淫乐。纣王宠爱女人，尤其宠爱妲己，对妲己无所不从。

　　纣王为了淫乐，让乐师涓为他制作新的乐曲和舞曲，都是些靡靡之音。

　　纣王还聚敛财富，他加重赋税，把鹿台存放钱的库房堆得满满的，把钜桥存放粮食的库房也装得满满的。

　　纣王又从各处搜集狗、马和新奇的玩物，让他的宫室里到处都是这些玩物。纣王还扩建沙丘的园林楼台，捕捉大量的野兽和飞鸟，放在里面。

　　纣王对鬼神也傲慢不敬，在沙丘大肆淫乐。纣王让在水池里面放满了酒，用酒来做池水，他还让把肉悬挂起来，肉看起来像是树林一样。纣王又让男女都赤身裸体，在酒池和肉林中追逐游戏，饮酒作乐通宵达旦。

　　纣王如此荒淫无度，百姓都怨恨他，诸侯有的也背叛了他。可纣王却并不悔过，反而加重了刑罚。

　　纣王设置了一种刑罚，叫作炮烙，这是一种酷刑。实施刑罚时，将一棵铜柱平放着架起来，铜柱上涂上油，然后下面用炭火烧。等铜柱烧热后，驱赶罪犯，让他们在铜柱上走。铜柱是圆的，又涂上了油，本来就滑，再被火烧热了，根本就没办法走，因此罪犯到了铜柱上，走不了几步就掉下来了，掉在炭火中，被烧死。商纣王越来越淫乱，也没有什么要改变的迹象。

微子是商纣王的哥哥，他见纣王这样昏庸，多次劝谏，可纣王就是不听，微子逃走了。

与微子同样忧虑的还有箕子，箕子是纣王的叔叔，他劝谏纣王不成，又不肯离开，就披散了头发，假装疯癫，后被纣王贬为奴隶。

比干是纣王的叔叔，他见箕子劝谏纣王后成了奴隶，觉得这样并不好。

比干说："君王有过错，不以死来争谏，那百姓怎么办！"

微子、箕子劝谏，可纣王都不听，比干还这么直说，于是他一下就发怒了。

纣王用眼睛瞪着比干，说："这么说你是圣人了？我听说，圣人的心有七个窍，是真的吗？你既然是圣人，那就让我看看！"

纣王于是下令，把比干杀了，还把他的心挖出来看。

天道大法

周武王灭了商后，转过年来，他来见商的旧臣箕子。周武王来见箕子，是想要问问商为什么亡了。可是，周武王问了后，箕子却不愿说商的那些坏事，只向周武王讲了些家国兴亡的道理。武王也知道这么问不怎么好，于是就又问箕子天道。

周武王说："上天在暗中安定百姓，使他们能安居乐业，可我不知道上天是怎么来安定百姓的，安定百姓的常道是什么呢？"

箕子说："当初鲧治水时，将大水壅塞，使五行乱了，上帝震怒，天道大法的九种常理也没有了。鲧被杀死后，禹继续治水，并且兴起，上天又赐给了禹天道的九种大法，常理因而又有序了。"

周武王说："什么是天道的九种大法呢？"

箕子说："九种大法一叫作五行，二叫作五事，三叫作八政，四叫作五纪，五叫作皇极，六叫作三德，七叫作稽疑，八叫作庶征，九叫作五福和六极。"

周武王说："能不能再仔细说说呢？"

箕子说："五行，一是水，二是火，三是木，四是金，五是土。"

周武王说："五事呢？"

箕子说："五事，一是仪容，二是言语，三是观察，四是听闻，五是思维。仪容要严肃恭敬，言语要让人能听从，观察要能明察秋毫，听闻要能明辨是非，思维要能深远明达。"

周武王说："八政呢？"

箕子说："八政，一是粮食，二是财货，三是祭祀，四是营建，五是教化，六是除奸，七是礼宾，八是军事。"

周武王说："五纪呢？"

箕子说："五纪，一是年，二是月，三是日，四是星辰，五是历法。"

周武王说："皇极呢？"

箕子说："皇极是，天子应建立准则，赐福于民，这样臣民们就会遵从天子制定的准则，以天子的准则为至高无上。天子应当像做百姓的父母一样，来做天下臣民的君王。"

周武王说："三德呢？"

箕子说："三德，一是以正来取直，二是以刚来取胜，三是以柔来取胜。"

周武王说："稽疑呢？"

箕子说："稽疑是解决疑难，遇到重大的疑难时，要先自己用心来想，然后再和卿士们商量，与百姓商量，最后来占卜，以看事情的吉凶。"

周武王说："庶征呢？"

箕子说："庶征是说各种征兆，是雨、晴、暖、寒、风。这五者若都能应时发生，庄稼草木也就茂盛了。"

周武王说："五福和六极呢？"

箕子说:"五福是,一长寿,二富有,三康宁,四美德,五善终。六极是,一早死,二多病,三多愁,四贫穷,五邪恶,六懦弱。五福自然美好,六极则要畏惧了。"

周武王听完了箕子的这一番表述,很受启发。

第二章
善于发现他人的优点

人人都有优点和缺点,与人交往,若是老盯着别人的缺点,我们肯定会变得孤独。生活是一门学问,在这个世界上,有许多人活得并不快乐,那是因为老盯着别人的缺点,却看不到自己的缺点——不是因为眼神的问题,是心灵的问题。

周厉王制止指责

周厉王专断强行，也日渐狂放暴虐，人们都开始指责他，有的人更开始骂他。

召公知道事情重大了，就来劝谏周厉王。

召公说："百姓可是不能忍受了！"

周厉王说："怎么不能忍受了？"

召公说："您去听一听，多少人在指责您呀！"

周厉王一听就发了怒，说："我知道了，我有办法！"

周厉王让召公走了，然后立即找了个卫国的巫师，派他去监视说坏话的人，报告后就把说话的人杀了，这样说周厉王的人一下就少了。可诸侯们知道后，也不来朝见了。

周厉王三十四年，周厉王的监视更严了，人们都不敢再说了，走在路上，都互相用眼睛示意，但就是不敢说。

指责周厉王的人没有了，周厉王也高兴了。

一天，周厉王告诉召公说："你知道了吧？我能制止人们指责我，现在他们都不敢说了。"

召公说："您这是不让他们说了，不是他们不想说，是他们不敢说了。"

周厉王说："反正是没人说了。"

召公摇头了，他说："提防人民的嘴，比提防大水还要重要。水多了，漫出堤来，冲破堤坝，必定会伤很多的人，人民也是这样，不能让他们也冲出来。因此治水是要引导水，让水能够流出来，对待人民也是要让他们能说出来。为此天子听政，是让公卿和列士献上诗，乐师献上乐曲，史官献上史书，乐官献上劝诫的进言，然后让人诵读献上的诗和劝诫的进言，百官也可以进谏，平常人也可以把话传进来。近臣们再规劝，宗亲们再补察缺失，乐官和史官教诲，师傅告诫，这时天子斟酌，才能使行事不悖逆。人们把话说出来，事情的好坏就看出来了，就能够行善事而防备失败。人民之所以要说，是因为他们心里这么想，嘴里也就这么说出来了，若是把他们的嘴都堵住，能堵多长时间，朝廷又能维持多久呢？"

周厉王更不爱听这些话，还是照旧，人们也不敢说话。

过了三年，人民终于造反了，来攻打周厉王。周厉王没人管了，逃了出去。

吕尚赶路建立齐国

当初，周武王灭了商，把太公吕尚封在了齐国的营丘，太公就到齐国他的封地来了。

太公从周的都城出发，向东方走，齐国的东面已经是大海，路途十分遥远，太公走得也很慢。

一天，天已经晚了，太公在一个客栈住下。

客栈的主人问太公他们说："客人们是要到什么地方去呀？"

太公的人说："我们是要去齐国。"

客栈的主人说："是到齐国做什么呢？"

太公的人说："做什么？齐国是我们太公的封国，我们这是去自己的封国！"

客栈的主人听了，说："知道了，知道了。"

客栈的主人连忙伺候太公他们住下了。

第二天早晨，客栈的主人见日上三竿，太公这还没有动静，就过来敲了敲门，说："客人们还不起身走吗？"

里面太公的人正睡着，被吵醒后有些不耐烦。

太公的人说："我们住店，又不是不给钱，住多长时间给你多少钱就是了，怎么还催我们走呢？真是不会做买卖。走这么远的路，又这么累，想多睡会儿也不成。"

太公这时已经起来开了门。

客栈的主人说："昨天听你们说，好像是要去封国的。"

太公笑了，说："看我们不像？"

客栈的主人说："不像。"

太公有些奇怪，说："怎么不像？"

客栈的主人说："我听说，时机得到难，但失去却很容易。你们睡得这么安稳，不着急向封国赶，因此我看你们不是要去封国的。"

太公一听，警觉了，想想客栈主人说得倒是对，齐国虽说是已经封给了自己，但那里什么样，什么人占着，都还不知道，若不早去，不知那里会怎么样，于是太公立即把他的人都叫了起来，赶紧上路了。到了晚上，也不住客栈了，连夜赶路，转过天来的早晨到了营丘。刚到了就发现，莱国的莱侯带着人来了。原来，莱国与营丘相临，见营丘这没什么人，想要来占领。可来了之后，见这里有人了，士兵也强悍，就回去了。

太公到了齐后，赶紧治理，考察了当地后，就依当地的风俗，把周的一套礼制也简化了。然后又通了商业，兴了工业，方便人们出海打渔和制盐，地方一下兴盛了，人民也都归附了，齐国一下成了东面的大国。

鲍叔牙力荐管仲

公子小白成为齐桓公，公子纠只好又回到了鲁国。

齐桓公即了位，想想自己差点儿没被射死，不但恨公子纠，恨管仲，也恨鲁国了，于是发兵攻打鲁国。

齐军与鲁军在乾时交战，鲁军战败逃走，齐军追杀过去，把鲁军撤回去的道路都给断了。齐国打了大胜仗，齐桓公就给鲁国写了一封信。

信上说："公子纠是我的兄弟，我不忍心自己杀了他，就请鲁国把他杀了吧。可召忽和管仲是我的仇人，我要得到他们，给他们用醢刑，剁成肉酱，这样我才甘心。不然，我就去围攻鲁国。"

鲁国害怕了，就在笙渎把公子纠杀了。召忽知道公子纠死了，也自杀了。可管仲没有自杀，他请求把自己囚禁起来。

齐桓公知道管仲没有死，非常恼火，因为他上次攻打鲁国，就是想要杀死公子纠、召忽和管仲，可现在其他两个人都死了，管仲却没有死。

这时，鲍叔牙来见齐桓公。

鲍叔牙对齐桓公说："臣有幸跟从您，您也成为国君，但以后臣也不能再帮您，让您更尊贵了。"

齐桓公听了此话，知道鲍叔牙是有话要说了。

齐桓公说："你有什么话就说吧。"

鲍叔牙问："您是只想把齐国治理好就行了，还是想要称霸天下呢？"

齐桓公说："我自然是想要称霸天下了，你为什么要这么问？"

鲍叔牙说："您若只想治理好齐国，那有高傒和我也就够了，但您若还想要称霸天下，只有高傒和我就不行了。"

齐桓公说："那还要谁？"

鲍叔牙说："非管仲不可！"

齐桓公惊讶地问："管仲？"

鲍叔牙说："对，管仲在哪一国，哪一国就能强，这个人可不能失去。"

齐桓公说："可是，就是管仲曾经险些把我给射死，要不是有带钩挡着，我早就死了，这你又不是不知道，你不都看见了吗？"

可鲍叔牙这时说："看来您是不打算称霸天下了。"

听鲍叔牙这么说，齐桓公犹豫了。

齐桓公说："管仲有这么厉害？"

鲍叔牙说："在我之上。"

齐桓公想了想，说："那管仲要是来了，也要在你之上了？"

鲍叔牙说："是。"

听到这里，齐桓公答应请管仲来辅佐自己。

鲍叔牙立即派人先去告诉管仲，说齐桓公打算用他了。管仲听了，动身到齐国来了。

齐桓公见了管仲，给了他一份厚礼，并任命管仲为大夫，管理政事。

曹沫劫持齐桓公

齐桓公五年，齐国攻打鲁国，与鲁国将军曹沫交战，结果是曹沫战败，逃走了。不过曹沫倒是没气馁，收拾了军队又来打，可这一仗又打败了，曹沫又逃了。曹沫还是不想认输，但也没办法。

鲁国战败后，鲁庄公就想割让遂邑，来向齐国求和。齐桓公答应了，让鲁庄公到柯去会面，订立割地的和约。鲁庄公也答应了，带着曹沫去了。

原来，鲁庄公喜欢勇武和有力气的人，曹沫勇武有力，虽然他打仗不怎么行，但鲁庄公还是喜欢曹沫，因此曹沫打了败仗，鲁庄公也没罢免他，还是用他为将。

齐桓公和鲁庄公到了柯，准备签订和约。突然曹沫几步从下面蹿到齐桓公眼前。齐桓公还没明白，曹沫已经把他抓住，再一看，曹沫的手里还拿着一把寒光闪闪的匕首，齐桓公一下子害怕了。

齐桓公看着曹沫，问："你想干什么？"

曹沫看了看齐桓公，说："齐国强，鲁国弱，齐国这个大国侵害鲁国，侵害得太过分了！鲁国的城墙要是崩塌了，那边就压着齐国的边境了，你看怎么办吧！"

齐桓公想了想，只好说："那我把占了的鲁国的地方，都还给鲁国不就行了？"

曹沫听了，扔下匕首，几步又走下去了，还回到自己的位子上，没事一样地和别人说起话来。

事情既然这样，齐桓公只好回去了。

回到齐国，齐桓公越想越恼怒，也越想越窝囊，再看大臣们，大臣们也都不说话了。

齐桓公想来想去，觉得不能把占了的土地都还给鲁国，就问管仲。

齐桓公说："鲁国的土地我不想还了，我还要把这个曹沫给杀了！"

管仲听了，说："这样可不好。"

齐桓公问："怎么不好？"

管仲说："当初您已经答应了，说了就要算话，现在要是说了不算，杀了曹沫，只是一时的小痛快，但会在诸侯之间失去信用，诸侯们就不会再和齐国打交道，若是失去天下各国的援手，可就不划算了，不如把土地给了鲁国。"

齐桓公听了，觉得对，于是把与曹沫交战所占的鲁国土地，都还给鲁国了。

诸侯们听说后，很是震惊，也觉得齐国和齐桓公有信用，于是都想归附齐国。

第三章
保持一颗宽容的心

宽容是一种高贵的品质、崇高的境界，是精神的成熟、心灵的丰盈，一个人心胸宽广，他就能容得下整个世界，收获无穷。

重耳谢恩愿退三舍

重耳到了楚国，楚成王让用诸侯的礼遇来接待重耳他们。重耳惶恐，不敢担当，想辞谢。

赵衰对重耳说："你在外面逃亡了十多年，小国都轻看你，更不用说大国了，可现在楚国这个大国这么接待你，你不要辞让，这是上天要让你兴起了！"

重耳于是接受了，楚成王待重耳很是优厚，重耳也很谦恭。

一天，楚成王对重耳说："你要是能回了晋国，即了位，拿什么来报答寡人呢？"

重耳想了想，说："珍奇的宝物君王都有，我实在是不知道拿什么来报答。"

楚成王说："你这么说倒也对，不过总不能什么也不报答吧？"

重耳说："要是不得已，我与君王在平原用兵车交战，那时我愿意退让三舍。"

楚成王一听，觉得很意外，楚国的将军子玉更是恼怒。

子玉对楚成王说："大王这么厚待公子，可重耳竟然出言不逊，我请求杀了他。"

楚成王想了想，说："重耳公子贤德，只是在外面受困的时间太久罢了，跟随他的人也都是治国的人才，这是上天安排的，怎么可以杀了呢？"

重耳这面的人听了，这才松了一口气。

楚成王这时又说："公子的话既然说了，就不能收回去，并且要说话算数！"

重耳说："那是自然。"

四年后，重耳真的回到晋国当了国君，就是有名的晋文公。公元前633年，楚国和晋国的军队在作战时相遇。晋文公为了践行他许下的诺言，下令军队后退九十里，驻扎在城濮。楚军见晋军后退，以为对方害怕了，马上追击。晋军利用楚军骄傲轻敌的弱点，集中兵力，大破楚军，取得了城濮之战的胜利。

晋文公夫人救主帅

秦国攻打郑国，郑国的商人弦高用计，送上了十二头牛，秦军的主帅孟明视他们觉得郑国已经有了准备，就退了兵，但在回去的路上把滑灭了。可是，这一下有麻烦了，因为滑是晋国的。

消息传到了晋国，晋国上下这时正准备给去世的晋文公下葬，没想到会有战事，刚即位的晋襄公一听就发了怒，出了兵。晋军选了秦军必经的殽山，在险要的地方埋伏下了。秦军被打得大败，三个主帅也都被晋军俘虏。

孟明视他们被押到了晋国，等着杀头。

晋文公的夫人是秦国人，嫁到了晋国。她知道，孟明视是百里奚的儿子，西乞术是蹇叔的儿子，白乙丙是一员大将，这三个人都很要紧，就想救这三个人。最终她想出来一个主意，就来对儿子晋襄公说："你是打算把秦军的三个主帅都杀了吗？"

晋襄公说："是啊，怎么，难道不应当杀了吗？"

晋文公的夫人说："应当杀，我没说不应当杀。"

晋襄公说："那母亲是不是觉得他们是秦人，想救他们了？"

晋文公的夫人说："不是。"

晋襄公说："那母亲要说什么呢？"

晋文公的夫人说："你要杀了这三个人，秦国是不是就恨你了？"

晋襄公说："那是自然，但也不能因为秦人恨，就放过他们。"

晋文公的夫人说："自然是不能放过他们，可这三个人打了败仗，秦穆公恨他们都恨到骨头里了，听说要把他们煮了呢！因此我想，不如让他们回到秦国去,让秦国自己把他们杀了,这样秦国就不会再怨晋国了。"

晋襄公一听,觉得这倒是对,于是就把孟明视、西乞术和白乙丙都放了,让他们回秦国。

先轸听说后,赶紧来见晋襄公。

先轸说:"怎么能让秦国的这三个人活着回去呢?难道是让他们回到秦国,再领兵来打咱们晋国?"

晋襄公说:"可秦国是要把他们杀了。"

先轸说:"要是秦国不杀他们呢?"

晋襄公也明白过来了,要是秦国不杀他们,自己可就有了对手了,于是下令,让先轸去把他们追回来。

先轸领了命,急忙叫上了人,前去追赶。可一直追到黄河边,才看见这三个人,只是他们已经在船上了。孟明视他们见了先轸,在船上向先轸施礼谢罪。先轸看着越走越远的船,也没办法了。

晏子车夫知错改过

晏子身为齐国的相国,出门时,乘坐的是四匹马拉的有伞盖的车辆,有相国的气势。

一天,晏子又出门了,车夫的妻子在相府大门的后面,偷偷地看她的丈夫。她看到自己的丈夫赶着驷马的大车,很是得意。

车夫回来后,见了妻子,正想向妻子夸耀夸耀,却看见妻子不高兴了。

车夫问:"你怎么了?"

妻子说:"我请求回自己的家。"

车夫大吃一惊,说:"为什么,出什么事了?"

妻子说:"今天我看见你和晏子出行了,晏子虽然身高不足六尺,可他却做了齐国的相国,并且在诸侯之间也有名望,可今天我看他出行,却是志向很深的样子。想想平时,他也常常是甘居人下,十分谦和。"

车夫问:"这又怎么了?"

妻子看了看丈夫,说:"我今天也看见你了,你虽然身高八尺,但只是做人家的车夫,可你倒是志得意满的样子,比晏子还要得意,因此我请求离开你。"

车夫一听,觉得妻子说得对,晏子身为相国,还那么谦恭,自己只是个车夫,有什么可得意的呢?

车夫对妻子说:"你说得对,我以后不再这样就是了。"

车夫的妻子这才笑了。

过了几天,晏子觉得车夫变了,变得谦和,知道退让了。晏子很奇怪,问车夫为什么变了,车夫把妻子的话如实地说了。晏子觉得,车夫的妻子很贤德,车夫能够知过就改,也很贤德,于是举荐他做了大夫。

田穰苴力斩监军

齐景公在位时,齐国已经衰弱,晋国和燕国都来讨伐,齐国的军队都被打败,齐景公很是担忧。这时,晏婴向齐景公举荐了田穰苴。

晏婴对齐景公说:"穰苴虽然是田氏的庶子,地位低贱,但他却十分贤能,论文,能使众人归附,论武,能威服敌人,愿国君试一试他。"

齐景公听了晏婴的举荐,把穰苴召来,论说了一番兵事,齐景公一下就高兴了,要任命穰苴为将军,让他带兵去抗击晋国和燕国。

穰苴说:"臣一直很卑贱,您这样一下将我从平民升到了大夫之上,百姓不信服,士卒不亲附,人微言轻。愿国君派一位齐国上下都敬重,并且您也宠信的大臣,来作为监军,这样才行。"

齐景公答应了,派亲信庄贾做监军。

穰苴见了庄贾,与庄贾约好,说:"明天的正午到军营大门见。"

第二天,穰苴早早地就来到了军中,立了用日光来看时辰的表,又安置了滴水计时的漏，在这等待庄贾。

穰苴这么用心地准备，可庄贾却没拿监军当作什么大事。庄贾是齐景公的宠臣，很高贵，平时就很高傲，现在来做监军，觉得这是带领自己的军队，因此也没有着急。

穰苴在军营的大门口等着，见早已过了中午，而庄贾还没有来，就把立的表推倒了，让把漏里的水也都放了。穰苴自己进了军营，在里面各处巡视，检查军队，申明军纪。等到把军营巡视完了，已经是傍晚了，这时候庄贾才来。

穰苴见了庄贾，说："为什么过了约定这么长时间才来？"

庄贾道了歉，说："一些亲戚来送，耽误了。"

穰苴说："将军从领受了命令这一天，就要忘了自己的家，监军督察军纪，更是要忘了亲人，军情紧急，则是要将自己都忘了！如今敌军深入侵犯，国内骚动，士卒在边境戒备，国君睡卧不安，饮食无味，百姓的性命都系于您，现在还说什么送不送！"

庄贾听了，一时不知应当说什么了。

穰苴把军正叫来，说："依照军法，约定后晚到应当怎么处置？"

军正说："应当斩首！"

庄贾一听，吓得脸立即变了色，再看穰苴，也不像是玩笑，庄贾吓坏了，连忙向身边的人使了个眼色。下面的人也明白，急忙骑上马，去找齐景公求救。可是，还没等庄贾的人回来，穰苴已经在三军将士的面前将庄贾斩了。这时三军的将士都震撼了，有的人吓得哆嗦起来。过了很久，齐景公派的使者才拿着符节来赦庄贾。使者驾着车马，疾驰着进入到了军营中。可是，使者刚说有国君的命令，穰苴就把他拦住了。

穰苴说："将在军中，君命有所不受。"

穰苴问军正说："在军营中驾着车马奔驰，军法上怎么说？"

军正说："应当斩首！"

使者一听，吓坏了。

他看了看穰苴，说："国君的使者，不能杀。"

可穰苴还是下了令，把使者的随从杀了，又把车上左边的横木砍了，把左边驾车的马杀了，对三军宣示。

穰苴把这些事都做了，才派使者去回报，然后自己带上队伍出发了。

第四章
不要丢失诚信

诚信是一切道德的根基和本原。它不仅是一种个人的美德和品质,而是一种社会的道德原则和规范;不仅是一种内在的精神和价值,而且是一种外在的声誉和资源。

范蠡致富无奈家事

　　范蠡在齐国安了家，和家里的人开荒种地，经商做买卖。全家人齐心协力，很快就富足了，有了几十万的家产。

　　齐国的国君听说后，知道范蠡是个能人，就让范蠡做了相国。范蠡后来想，不做官能家有千金，做官就能为卿相，一个人能这样，也是极致了，长久有这样的盛名，就不是什么好事了。范蠡于是辞了官，归还了相印，家产也不要了，都分给好友和乡里的百姓，只带着珍宝，一家人悄悄地搬走了。

　　范蠡一家人来到了陶，安顿下来，觉得这里是天下的中心，道路通畅，可以做买卖为生，自己改称叫陶朱公。

　　没过多久，范蠡积累了亿万的资产，天下的人都知道有个陶朱公了。

　　范蠡到了陶后，又有了个小儿子，这时他有了三个儿子。

　　过了些年，范蠡的二儿子一次到楚国去，在楚国杀了人，被关押起来。

　　范蠡说："杀人偿命，这是常理，不过我也听说，家有千金，可以不死。"

　　范蠡于是准备了一千镒黄金，放在陶罐中，用牛车拉着，派他的小儿子去办这件事。

　　范蠡的长子听说是派三弟去救二弟，就来对范蠡说，应当是他去，可范蠡不同意。

　　范蠡的长子坚持要去，范蠡还是不同意，范蠡的长子哭了。

　　范蠡的长子说："家里的事情是由长子来管，现在二弟有了难，父亲不让我去救，而让三弟去救，这是说我不好了。二弟要死了，我不能去救，还怎么活在世上，我死了算了！"

　　范蠡的长子说完，就要拿起剑来自杀，家里人赶紧拦住了。

范蠡没办法了，想了想，说："那就让你去吧。"

范蠡对大儿子说："我让你去，但你务必要听我的话，依我说的去做，不然救不回你弟弟，能行吗？"

范蠡的长子说："能行。"

范蠡写了一封信给大儿子。

范蠡说："我在楚国有一个好朋友庄生，你到了楚国，把信和黄金都交给庄生，他要怎么做就怎么做，你不要与他争，记住了吗？"

范蠡的长子说："记住了。"

范蠡说："那你就去吧，一定要记住我的话！"

范蠡的长子上路了，想了想，把黄金拿出来一些，自己留着。

范蠡的长子到了楚国的都城，打听到了庄生的住处，发现是一家十分贫穷的人家。

范蠡的长子犹豫了，可想了想父亲说的话，还是进来了，见了庄生，把信和黄金都给了庄生。

庄生看了信，把黄金留下了。

庄生对范蠡的长子说："你赶紧回去吧，不要在这里逗留，等你弟弟出来了，也不要问是什么原因。"

范蠡的长子出来后，十分疑惑，他怎么也看不出这个人能有什么办法，把自己犯了死罪的弟弟救出来。范蠡的长子觉得还要再另想办法，就留下来没走，又托人找了楚国管事的官员，把自己留下的黄金献上，让他帮助救自己的弟弟。

范蠡所托的庄生虽然住在穷地方，但却以廉洁和正直闻名于楚国，从楚王到下面的人都以他为师，对他十分敬重。他收了范蠡的黄金，也并不是想要，想事成之后再还给范蠡，只是怕当时若不收下，会让人觉得不想给办，因此才收下了。

庄生对他的妻子说："这是陶朱公的黄金，以后还要归还他，千万不要动。"

庄生收了信和黄金，就找了个合适的时间，来见楚王。

楚王说："先生来，有什么事吗？"

庄生说："夜观天象，一个大星移动异常，对楚国不利。"

楚王平时就很相信庄生，因此连忙向他求教。

楚王说："有什么办法能消除灾害吗？"

庄生说："广布德政就能够消除灾害。"

楚王说："我明白了，先生请回去休息，我这就准备施行。"

楚王于是下令，把储备钱币的库府都封了。

范蠡的长子来向所托的官员打听消息，官员惊讶地告诉了他一件大事。

官员说："你可真是赶巧了，楚王准备大赦了。"

范蠡的长子也很惊讶，说："怎么知道呢？"

官员说："每次大赦之前，都要封储备钱币的库府，昨天就又封了。"

范蠡的长子一下松了心，想自己是来对了，或许是自己把好运带给了弟弟，或许是弟弟自己的好运来了。

范蠡的长子却又想，楚国大赦，因此弟弟也被赦了，这其实是不用花钱就能得到的好处，那么，送给庄生的黄金也就白送了，真是冤枉。范蠡的长子想来想去，最后又来到了庄生家。

庄生看见范蠡的长子，十分惊讶，说："你怎么还没走？"

范蠡的长子说："担心弟弟的事没有结果，因此没有走，现在听说弟弟要被大赦，知道没事了，因此向您来告辞。"

庄生一下明白了，他这不是来告辞，而是来要黄金了，于是说："那你自己去屋里把黄金拿走吧。"

范蠡的长子听说让他取回黄金，就急忙进到屋里，把黄金如数拿了回来。

范蠡的长子高兴地走了，庄生却恼怒了，觉得范蠡的儿子戏耍了他，是耻辱。庄生想了想，又来见楚王。

庄生说："前两天所说星象的事，是想让您广施德政，可今天我出去，听见路上的人都说，是富人陶朱公的儿子在楚国杀了人，依仗着家里钱多，用钱买通了您的左右，因此您不是为了体恤楚国，而是因为陶朱公的儿子才要赦免。"

楚王听了大怒，说："我就是再没有德，也不会单为了陶朱公的儿子而大赦！"

楚王于是下令，先杀了陶朱公的儿子，转过天来再进行大赦。

结果，范蠡的长子带着弟弟的尸体回来了。全家人都很悲哀，范蠡也知道了事情的前前后后。

范蠡苦笑着对妻子说:"我知道大儿子必定会杀了他弟弟,他不是不爱他弟弟,他是有不能忍受的东西。他从小和我一起耕作,经商,什么苦都受过,知道钱来得艰难,因此他舍不得钱财。小儿子生下来时家里就已经富足了,他整天骑着好马去打兔子,哪知道钱来得不容易,因此他不会看重钱财,丢弃了就丢弃了,不会吝惜,自然也不会再把黄金要回来。这次我之所以想让小儿子去,就是因为这个缘故,结果大儿子果然因为舍不得钱财,把弟弟杀了。这我早就想到了,迎回来的必定是二儿子的尸体。既然早就知道,也就不必悲伤了。"

妻子哭着说:"你既然早就知道,为什么早不说,现在说有什么用?"

范蠡无奈地说:"我早就说让小儿子去,你们不是不听吗?我有什么办法。再说,我能料到大的道理,可办事的细处我却无法料到。我已经再三嘱咐过,让把钱给了庄生就可以了,不要争,他也答应了,可他就是忍不住,舍不得,有什么办法?再料得到也不行啊!"

事已至此,再说也没有用了。

后来范蠡老死在陶,世人也只知道他是陶朱公,不知道他是范蠡。

孔子震慑齐景公

鲁定公十年,鲁国与齐国和好了。

齐国的大夫黎鉏对齐景公说:"鲁国用了孔丘,要危害齐国了。"

齐国于是派使者来到鲁国,约定在夹谷友好会盟,鲁定公答应了。因为觉得是友好会盟,鲁定公也没有戒备,就准备乘车去了。

孔子这时兼管会盟的事,就对鲁定公说:"臣听说,有文事时必定要有武备,有武事时必定要有文备,古时诸侯离开国境,都必有文武官员跟随,因此也请左右司马跟您一起去。"

鲁定公觉得对,就让左右司马跟着去了。

到了夹谷，齐国已经在这里设好了三级台阶的会盟土坛。齐国的国君齐景公和鲁国的国君鲁定公都到了坛下，以礼相见，然后互相谦让着登上了土坛。

双方互献礼物，酬谢完了后，齐国的司礼官员到了坛上。

司礼官员说："请表演四方的乐舞！"

齐景公说："好！"

这时，一队人由五彩的旌旗引导，叫喊着来了，他们头戴着羽毛的帽子，身穿着皮衣，手里还拿着矛、戟、剑、盾等武器。来了之后，就上到了坛上。

孔子一见，立即向坛上跑来。上了两级台阶，第三级还没迈上时，就挥手大喊。

孔子说："两国的国君友好会盟，为什么要表演夷狄的乐舞？司礼的官员快让他们下去！"

司礼的官员听了后，挥手让这些人下去，可这些人不下去。司礼的官员看了看晏子，又看了看齐景公。齐景公心虚了，挥了挥手，让这些人下去了。

过了一阵，司礼的官员又说："请表演宫中的乐舞！"

这时，一群表演的侏儒上来了。

孔子一见，又急忙向坛上跑来，又是还没迈上第三级台阶就大声对司礼的官员说："一群匹夫来扰乱诸侯，当论何罪？"

司礼的官员不安地说："论罪当斩。"

孔子说："请司礼的官员执行！"

司礼的官员看了看，把侏儒腰斩了。

齐景公大为震动，但也知道自己没有理，是不义，只得空手而归，回去后也害怕了。

齐景公对大臣们说："鲁国用君子之道来辅佐国君，可你们都用夷狄之道来教我，让我得罪了鲁国的国君，这怎么办？"

司礼的官员说："人有了过错，君子会诚心地道歉，小人则会文过饰非，国君若真是悔恨，就请诚心道歉。"

齐景公于是把侵占鲁国的郓、汶阳和龟阴的土地都归还了，以表示歉意。

孔子失意不被任用

晋国的赵简子攻打范氏和中行氏，并且来讨伐中牟，中牟的长官佛肸背叛了，并且派人来召孔子，孔子想去。

子路对孔子说："我听您说过：'人若亲自做坏事，君子就不会到他那里去'，现在佛肸在中牟背叛，您还要去，这怎么说呢？"

孔子说："我是说过这话，可我不是也说过，坚硬的东西磨不薄，洁白的东西染不黑吗？我难道是匏瓜，只能挂在那里让人看，却不能吃吗？"

一天，孔子敲击磬，有个背着草筐的人从门口经过听见了。

这个人说："这个击磬人是有心思吧，磬敲得又响又急。可是，人家既然不赏识你，就算了吧！"

孔子在卫国没有得到任用，就想去见赵简子。到了黄河，听说窦鸣犊、舜华死了。

孔子站在河边，感叹说："黄河浩浩荡荡，真是壮美，我渡不了黄河，也是天命了！"

子贡过来了，说："能不能问一问老师，为什么要这么说？"

孔子说："窦鸣犊和舜华，都是晋国贤德的大夫，赵简子没有得志时，是依赖他们才得以从政，可等到赵简子得志，却杀了他们。我听说，一个地方若是剖腹取胎杀害幼兽，麒麟就不会到那里的郊野；排干了池塘的水来抓鱼，龙就不会调和阴阳兴云致雨；倾覆鸟巢毁坏鸟卵，凤凰就不会飞到那里，这是为什么呢？是因为君子避讳伤害他的同类。鸟兽对于不义的行为尚且知道避开，何况我孔丘呢！"

孔子于是回到家乡陬邑，创作了名为《陬操》的琴曲，来哀悼窦鸣犊和舜华。随后，孔子又回到卫国，住在了蘧伯玉家。

一天，卫灵公问孔子兵阵的事。

孔子说："祭祀的事我听说过，军旅的事没有学过。"

第二天，卫灵公和孔子说话，正说着时，有雁飞过来了，卫灵公就抬头看雁，不管孔子了，孔子于是离开了卫国。

医有扁鹊

春秋战国之际，出了个医生扁鹊。

扁鹊是渤海郡鄚人，姓秦，名越人。

扁鹊年轻时做馆舍的舍长，招待来往的行人，有一位叫长桑君的客人，经常在他这里住。扁鹊觉得长桑君不是一般的人，因此待他很周到，长桑君也知道扁鹊不是一般的人。

长桑君在扁鹊这来往了十多年，一天，他招呼扁鹊到他那儿去坐，忽然悄悄地和扁鹊说："我有秘方，现在我年老了，想要传给你，你不要泄露了"

扁鹊说："我一定记住。"

长桑君从怀里拿出来一包药，给了扁鹊。

长桑君对扁鹊说："你把这药用草木上的露水送服，三十天后就能知道很多事情。"

长桑君又把记有自己秘方的书拿了出来，送给了扁鹊。

扁鹊把书收下了，再一看，长桑君不见了。扁鹊想，长桑君怕不是常人。

扁鹊依照长桑君所说，把药吃了，过了三十天，能看见墙另一边的人，再给人看病，五脏和病症也都能看见了。扁鹊并没人跟人们说，还是以诊脉为名给人们看病。

扁鹊有时在齐国给人看病，有时在赵国给人看病，在赵国时他称作扁鹊。

扁鹊一次路过虢国，知道太子正巧死了。

扁鹊到了宫门，见到了太子的侍从大臣中庶子。扁鹊知道中庶子也喜欢医药，就问中庶子："太子是什么病，怎么祈福的事这么盛大？"

中庶子说："太子的病是气血运行不合，交错不能疏泄，在体表暴发出来，内脏受了伤害。人的正气不能制止邪气，邪气积蓄不能发泄，阳缓阴急，因此突然跌倒而死。"

扁鹊说："死了多久了？"

中庶子说："从鸡叫到现在。"

扁鹊说："收殓了吗？"

中庶子说："没有，还没到半天。"

扁鹊说："你去对国君说，就说渤海郡的秦越人，家住在郑，没能得见国君的神采，侍奉国君，现在听说太子不幸死亡，臣能让太子复生！"

中庶子一听就摇头说："医生不能这样胡说，怎么能说太子可以复活呢！我听说过，上古的时候有个叫俞跗的医生，治病不用汤剂、药酒、石针、导引、按摩和药熨等方法，一诊视就能知道疾病所在，然后顺着五脏的穴道，割开皮肤，剖开肌肉，疏通经脉，结扎筋腱，按治髓脑，触动膏肓，疏理隔膜，洗涤肠胃，清洁五脏，修炼精气，改变形态，先生若是能够这样，太子就能再生，若不能这样，却想要使太子再生，这样说欺骗婴儿也不可以。"

扁鹊对天长叹，说："你的那些方法，就像是从竹管中看天，从缝隙中看纹饰。我的方法，不用诊脉，也不用察看面色、听声音，就能说出病在什么地方。知道病的表征，就能知道病的内因，反之，知道病的内因，就能知道病的表征。病会从体表显现出来，据此就能诊断千里之外的病人，我诊断的方法很多，不是只用一种方法看。你若是觉得我说的话不可信，可以试着去诊视一下太子，应当能听到他的耳朵会有鸣响、鼻翼会动，若再顺着两腿摸到阴部，那里应当还温热。"

中庶子听了，目瞪口呆，还是进宫把扁鹊的话报告给了国君。

虢国的国君听说后，大为惊讶，立即出来见扁鹊。

虢国的国君说："早就听说您的高义了，只是没能拜见。现在先生到我的小国来，有幸能救助我们，我这偏远小国实在是幸运了。现在有先生在，就能救活我的儿子，没有先生，他就会尸填沟壑，永远死去不能复活了！"

虢国的国君话没有说完，就感叹流泪，神情恍惚。

扁鹊说:"太子的病,就是所谓的'尸蹶',太子其实并没有死。因为,阳入袭阴,阻绝脏气,就能够治愈,而阴入袭阳,阻绝脏气,则必死无疑,这些都会在五脏厥逆时突然发作,好的医生能够治愈,而拙劣的医生则会使病人危险。"

虢国的国君听了,连忙请扁鹊诊治。扁鹊让他的弟子子阳磨好了针,在百会穴下了针,过了一阵,太子醒过来了。

扁鹊又给太子准备了药,给太子熨敷,太子就能坐起来了。扁鹊又给煎了汤剂,吃了二十天,太子的身体恢复得和从前一样了。这一下天下的人都知道扁鹊能够起死回生。

可扁鹊说:"我秦越人并不能够起死回生,我只是能让应当活的人活过来。"

扁鹊从齐国经过,齐桓公知道了,请扁鹊来见。

扁鹊见了齐桓公,说:"国君有病,在肌肤之间,不治将会加重。"

齐桓公说:"我没有病。"

扁鹊走了后,齐桓公对左右说:"医生贪利,想治没有的病来作为功绩。"

过了五天,扁鹊又来了,对齐桓公说:"国君的病现在在血脉之间,不治会更加重。"

齐桓公说:"我没有病。"

扁鹊走后,齐桓公不高兴了。

再过了五天,扁鹊又来见,对齐桓公说:"国君的病现在已经在肠胃之间,不治会更重了。"

齐桓公这次没有说话,但是更不高兴了。

又过了五天,扁鹊见了齐桓公,什么也没说,就退下走了。

齐桓公派人去问,扁鹊说:"病在肌肤之间,汤剂和药熨的效力就能达到。病在血脉之间,针刺和砭石的效力也能达到。病在肠胃之间,药酒的效力能够达到。但病进入骨髓,就是掌管生命的神也无可奈何。现在病就是已经进入骨髓,没有办法治了,因此我也不再要求治了。"

过了五天,齐桓公果真病了,急忙派人去找扁鹊,可扁鹊这时已经逃走,齐桓公也病死了。

扁鹊到了邯郸,听说那里敬重妇女,就做能够医治妇女病的医生。扁鹊到了洛阳，听说那里敬爱老人，就做能够医治耳病、眼病和手足麻木等老年病的医生。扁鹊到了咸阳，听说秦国的人喜爱孩子，就做小儿医生，随俗而变。

秦国的太医令李醯自知医术不如扁鹊，就派人刺杀了扁鹊。但是，直到现在，讲说脉法的人，还都依从扁鹊。

立木为信

新的法令出来了，卫鞅发给大臣们看，看他们准备怎样执行，可大臣们什么都不说。

卫鞅感到有些奇怪，怎么能什么都不说呢？于是派人去打听。结果很快就打听来了，都是一样的说法，那就是，人们根本就不相信新法能施行得通。并且说，这样的法令拿下去执行，从上到下就不会有人相信。

卫鞅明白了，虽然这改变不了他执行新法的决心，但他也觉得要有一个办法，能一下就让所有的人相信：新法一定要执行，并且新法是说了就算的。

卫鞅很快想出了一个主意。

这一天，国都的东市上人来人往，这是国都最热闹的地方了。正在大家忙于交易时，市场上忽然来了几个人，用牛车拉来了一根有三丈长的大木头。大家一看就围过来了，想看看市场上拉这么根大木头来干什么。

拉木头的人在市场的南门找好了地方，把这三丈高的木头给立起来，远远地就能看见。

这些人立好了木头，一个差役拿出了一张告示，贴在了木头上，大家正要围过来看时，这个差役说话了。

差役大声说："大家听着，谁能把这根木头从市场的南门挪到市场的北门去，赏十斤黄金。"

差役刚说完，人们就议论开了，觉得差役说的是玩笑话。

过了两天，木头没人挪。第三天时，差役又在木头的告示上盖了一张告示。大家一看，呀！赏金长到五十斤了，不过这样一来，更没人信了。

正在这时，一个人来到市场，准备要挪木头了，大家都围了过来。

一个人问这个人说："你还真相信能得到赏钱？"

这个人说："官府说的，总不能说了不算吧。"

一个人说："那你是非要当这个听什么信什么的傻子了？"

这个人说："官府要是说了不算，我也就费点儿力气，也不算什么，也没少什么，怎么了？"

一个人说："是没少什么，还多了个傻子的名声。"

这个人嘟囔着说："到时候我领了赏，还不一定谁是傻子呢！"

这个人于是让差役看着，把木头小心地放倒，扛到了北门，又小心立好了。

木头立好了，这个人累了一身汗，他让差役带着他去领赏了。

大家都兴奋了，都跟着去了官府。

这个人进了官府，大家在门外等着。过了一会，这个人出来了，手里还提着一个包袱，脸上都笑开了花。这时看的人可都傻了，这赏竟然是真的，人们只剩下后悔了，这木头可在市场上立了三天啊！

大家都垂头丧气地回去了，不过也知道官府真是说话算数了，于是卫鞅的新法得以推行。

邹忌陷害田忌

齐国确实有能人，只是能人之间却并不都那么友善，成侯邹忌与将军田忌就不和。

公孙阅知道邹忌与田忌不和，就给邹忌出了个坏主意，邹忌觉得这个主意不错，就照着做了。

邹忌找了个人，拿着十斤黄金到街上去占卜。

占卜的人见这么多钱，吓了一跳，说："您是哪位府上的主事？"

邹忌的人编了个谎话，说："我是田忌将军府上的人。"

占卜的人说："您打算问什么事呢？"

邹忌的人说："我们田忌将军三战三胜，声威满天下，现在想做大事了，想问问吉还是不吉？"

邹忌的人问卜走了后，邹忌就派人把占卜的人抓起来了，又报告了齐威王。齐威王一听这是大事，就把占卜的人叫来亲自问，一问果然是。这时田忌也听到了消息，知道这是邹忌在害他，可又觉得无法辩解，就干脆带领他的部下袭击了临淄，想要把邹忌抓起来。可仓促之间没有能取胜，于是只好逃走了，这一年是齐威王三十五年。

后来，齐威王去世，儿子齐宣王继位，齐宣王知道是邹忌陷害了田忌，于是就把田忌召回来了，仍然让他为将。

第五章
开启伟大的梦想

　　梦想是人类对于美好事物的憧憬和渴望,是奋斗的源泉,只有我们努力地去追求去创造,才能实现。有了梦想我们不会再艰难踌躇,也不会再退缩彷徨,而是沧海扬帆长风破浪去托起一轮不落的太阳。

张仪赴秦

苏秦游说促成了六国的合纵，可是，苏秦又怕秦国攻打各国，破坏了合纵，就想，若是能有一个人到秦国去暗中呼应就好了，可想了想，自己身边又没有这样的人。一天，苏秦猛地想到了张仪，张仪的能力自然是再好没有了，只是张仪可不是任他使唤的人，于是苏秦想出了一个计谋。

苏秦打听到张仪现在还在楚国呢，于是就派了一个人去楚国。

这一天，张仪还在家躺着呢，有人来拜访。

张仪见了来人，不认识，来人说："我从赵国来，听苏秦说过你和他是同学，知道你在这，就过来看看。"

张仪一听是认识苏秦的人，有了兴趣，就问："苏秦现在怎么样了？"

来人说："苏秦现在可了不得了，赵国现在就听他的了，他在赵国说什么是什么。"

张仪一听，吃了一惊，没想到这个不如自己的苏秦竟然出人头地，在自己之上了。

来人和张仪聊了不少苏秦的事，张仪不由得感叹，甚至有点儿羡慕了。

来人后来对张仪说："你原来和苏秦不是不错吗，现在苏秦已经当权了，你为什么不去苏秦那去施展你的才华呢？"

张仪有些犹豫，说："苏秦他自己已经干好了，还容得我去吗？"

来人说："那有什么容不得的，苏秦现在正在用人呢。"

张仪虽然觉得自己不在苏秦之下，但现在苏秦是高官，自己还得仰仗他。张仪想好后，去了赵国。

张仪到了赵国，直接找苏秦来了。到了门口，看门人把他拦下，说苏秦现在不见客。

张仪说："你去通报，就说是我张仪来见他。"

门人进去通报，过了一会儿出来，说："苏大人说，现在没工夫，不见。"

张仪一听就火了，苏秦竟然连见自己都不见了，难道自己还得求他见吗？于是气得一转身走了。

门人见张仪要走，连忙把张仪给拦住了，说："大人说此时确实在忙，好几位大臣都在，有了时间自然会见，请您先回去，明天再来。"

张仪一听这还差不多，于是回驿馆了。

第二天张仪又去了，没想到苏秦还是有事，昨天的大事还没商量完呢，还要再等等，张仪只得又回来了。

一连几天，张仪天天都去苏秦的府上，可苏秦天天都是有事不见，让张仪再等等。张仪可真是火了，想这苏秦分明是不想见自己，因此就这么拖着。

这一天张仪想好了，再不见就走了。

张仪又来到苏秦的府上，说最后一次求见，不见就走了，门人赶紧进去通报了。

一会儿门人出来说："大人现在有工夫了，请您进去。"

张仪进去看见苏秦在堂上呢，见了面寒暄几句后，张仪正准备坐下，没想到苏秦挥了挥手，下面的人把张仪领到堂下坐着去了。张仪一看就火了，因为堂下还有几个奴仆坐着。

张仪正要发火，苏秦说："张仪你还没有吃饭吧？"

张仪气哼哼地说："没吃。"

苏秦对下面人吩咐说："快给拿些吃食来。"

等饭拿上来，张仪更火了，因为那饭食一看就是奴仆吃的，跟那几个奴仆的饭食都一样。

张仪正要责问苏秦，没想到苏秦先说："听说你现在也不怎么样啊？原先咱们在一起时，你好像总觉得比我强，怎么现在是这个样子，看来你还是不行。"

张仪没想到苏秦能这么说，一下想不出来该说什么。

苏秦看张仪没说话，就又说："我倒是能在赵王面前说说，给你个差事，让你有点儿钱，过上好日子，可你什么也不行，我也没法说呀。"

张仪气坏了，他想，本来觉得是老朋友，能借苏秦来展示自己的才华，没想到才华没能展示，反倒让苏秦给羞辱一顿，先是不见，然后又让自己和奴仆们坐在一起，和奴仆们吃一样的饭食，这显然就是拿自己当奴仆了，看来苏秦就是故意的。现在更是说自己什么也不行，看来这次找苏秦就是找错了，于是气得站起身走了。

张仪回到驿馆，又想还有什么别的出路，想来想去只有去秦国。苏秦不是在这说下了赵国吗，那自己就去秦国，也只有秦国能对付赵国。

在去秦国的路上，张仪认识了一个人，也姓张，说是去秦国做生意的，和张仪很说得来，很快就熟识了。

到了秦国，张仪又遇到了他在楚国的同样难处，那就是没钱，见不到国君。张仪想，这可是个没办法的事，也只能和在楚国一样，慢慢地先结交些朋友，再找机会吧。

这一天，姓张的商人看张仪有些闷闷不乐，就问张仪怎么了。

张仪说："想见国君，但是没有钱去打通关系，因此空怀有一腔壮志，却是无法施展。"

商人说："如果先生不嫌弃我是个商人，我愿助先生一臂之力。"

张仪十分意外，说："先生为什么要这么帮我呢？"

商人说："我看先生是有大才华，也有大志向的人，我很仰慕，以我商人的身份，怕是攀也攀不上的，现在我能帮先生成就事业，也是我的荣幸。"

于是张仪拿了商人的钱，去找人活动，很快，秦国的国君秦惠王准备见他了。

张仪把这个消息告诉了商人，商人祝贺了他，然后又说："先生是不是换上一身好衣服？"

张仪愣了一下，然后笑了，说："多谢你告诉我。"

张仪想，是得换一身好衣服，倒不至于再次被当作小偷，只是一般的人只重外表，在他的才华还没表现出来之前，衣服还是很要紧的。

张仪见到了秦惠王，秦惠王一下就被张仪的才华打动了，立即让张仪做了客卿，并要和他商量讨伐诸侯的事。

张仪得意地回来了，告诉商人他已经做了客卿，过几天有了权，即会报答。

商人笑了，说："大人既然已经功成，我也就不在秦国待着了，我这就告辞，明天就回赵国了。"

张仪大吃一惊，说："我才成功，正要报答你呢，你怎么倒要走了呢？你对我可有知遇之恩哪！"

商人说："不是我对你有知遇之恩，是苏秦大人对你有知遇之恩。"

张仪更糊涂了，说："这跟苏秦有什么关系呢？"

商人说："我其实不是什么商人，我是苏秦大人派来的。"

张仪更是吃惊了。

商人说："其实从一开始就都是苏秦大人安排的。苏秦大人怕秦国攻打赵国，破坏了合纵的盟约，认为以你的才华，不愁不能在秦国掌权，因此故意激怒你，将你激到了秦国，又让我暗地供给你钱，使你能见到秦国的国君，能得到重用，这都是苏秦大人的安排。现在事情已经成了，因此我也就回去了。"

张仪说："可苏秦让我在秦国得到重用，这不是树了一个敌人吗？"

商人笑了，但没有说话。

张仪看着商人，突然明白了，说："哎呀，我太不行了！我当初跟随鬼谷子老师，学的就是使用计谋，自以为用计要胜苏秦一筹，可我现在陷在苏秦的计谋之中，却根本没有察觉，这是我大不如苏秦了。现在苏秦合纵已成，而我才刚刚被任用，我没有力量和苏秦斗。"

商人告辞了，张仪又说："不管怎么说，毕竟是苏秦帮了我在秦国得以立足，你回去还是替我谢谢苏秦。"

商人走后，张仪坐了下来，感慨了一番，并立即给楚国的相国写了一封信，在信上写道："我在你那喝酒，没偷你的璧，可是你用鞭子打我，现在你要好好地看住你的楚国了，因为我如果再去，就是偷你的城了！"

楚怀王受困死秦国

楚国与秦国，一直是恩怨不断。

秦昭王二年时，秦国派张仪出使到楚国。张仪欺骗楚怀王说，秦国愿意用六百里土地换取楚国与齐国断了结盟，改与秦国结盟，楚怀王答应了。可是，等楚国断了与齐国的结盟，秦国却到最后也没把土地给楚国，只是把上庸归还给了楚国。

楚怀王二十六年，齐、韩、魏三国因为楚国违背了合纵，而与秦国亲近，就共同来讨伐楚国，楚国派太子到秦国做人质，请求秦国来救，秦国派了兵，三国这才罢兵回去了。

楚怀王二十七年，秦国的大夫因为私事，和在秦国的楚国太子争斗起来，楚太子杀了秦国的大夫，逃回了楚国。

楚怀王二十八年，秦国与齐国、韩国和魏国一起来攻楚，杀了楚将唐昧，夺取了重丘，撤军回去了。

楚怀王二十九年，秦国再攻打楚国，夺取了八座城，还杀了楚国的大将景缺。

这时，秦昭王给楚怀王写了一封信，说："起初寡人与您相约为兄弟，在黄棘立了盟誓，您还派太子来秦国为人质，十分欢好。可楚太子杀了寡人的重臣，也不谢罪就逃走了，寡人十分愤怒，这才派兵去攻打你的边境。现在听说，君王您又让太子去齐国做人质，以求能与齐国和解。秦国与楚国边境接壤，又早就结为姻亲，互相亲善已经很久了，现在秦楚交恶，无法号令诸侯。寡人愿与君王您到武关相见，缔约结盟。"

楚怀王见了秦昭王的信，十分为难，想要去，怕被欺骗，想不去，又怕秦国再打过来。

大臣昭雎说："君王还是不要去，发兵据守，秦是虎狼之国，不可以信，秦有吞并诸侯的心！"

楚怀王的儿子公子子兰又劝楚怀王去，他说："怎么能断绝了和秦国交好，让秦国不高兴呢！"

楚怀王最后下了决心，来见秦昭王。

武关是秦国东南面的一座重要关口，在秦的都城咸阳和楚的都城郢之间，楚怀王觉得不是去秦的都城咸阳，放心了不少。但是，秦昭王却根本没来武关，只是派了一个将军，带着士兵埋伏在了武关，对外号称秦昭王来了。结果楚怀王一到武关，秦的将军就把楚怀王送到了咸阳。

楚怀王到了咸阳，秦昭王在章台召见了楚怀王，礼节就如同是见一个属国的大臣，全然不是王对王的平等礼节。楚怀王一见秦昭王对他这样，大怒，同时也后悔没听昭睢的话。

秦昭王对楚怀王说："楚割让了巫和黔中的郡，两国就可以和好。"

楚怀王不想割地，但又觉得自己在秦国，就想先订立盟约，缓一缓。

楚怀王说："可以割让巫和黔中的郡，我们可以先订了盟约，等我回去后，就把土地割让给秦国，总不能让我在这割让吧？"

秦昭王笑了，说："你还是就在这先把土地割让了，然后再回去。"

楚怀王说："秦国欺骗了我，把我骗到了武关，又让我到了咸阳，现在又要挟我，想强要我的土地，我不能给！"

楚怀王不给土地，秦也就把他扣留在了秦国。

楚国见楚怀王回不来，就立了从齐国回来的楚太子横，是为楚顷襄王。

楚国还派人去告诉秦说："赖社稷神灵，我们楚国有了王了。"

楚国这么一回应秦国，秦昭王立即发了怒，发兵出武关去攻打楚国。这一次又大败楚军，斩首五万，攻取了十五座城，这才退兵。

转过年来，楚怀王趁秦国不备，逃走了。秦国发觉后，把去楚国的道路都守住，楚怀王就从小路去了赵国，想再从赵国回楚国。可赵国的赵惠文王才即位，怕秦国，不敢接纳楚怀王。楚怀王又想去魏国，这时秦兵追来了，把楚怀王又押回了秦国。楚怀王回到秦国就病了，楚顷襄王三年，楚怀王在秦国病故，秦国把他的尸体运回了楚国，让在楚国安葬了。

燕昭王求贤乐毅攻齐

燕昭王即位后礼贤下士，拿出重金来召集贤人。

燕昭王对郭隗说："齐国借孤的国难来攻破燕国，孤知道，燕国小，力量也不足，不能报仇。但若能得到贤人来共同治理燕国，以雪先王之耻，这才是孤的愿望。先生看到有适宜的人，举荐给我，我会亲自来侍奉他！"

郭隗说："大王要真想召到贤人，就先从我郭隗开始。这样那些比我更好的贤人，不就会从千里之外来了吗？"

燕昭王觉得对，就为郭隗改建了住处，像对待老师一样对待郭隗。没有多久，乐毅从魏国来了，邹衍从齐国来了，剧辛从赵国来了，士人们都争着来燕国了。燕昭王也吊祭死者，慰问孤老，与百姓同甘苦。

这时，齐国正十分强大。齐湣王南面在重丘打败了楚国，西面在观津打败了赵国和魏国，并与它们去攻打秦国，又帮助赵国灭了中山国，然后齐国又灭了宋国，扩大了一千多里的土地。这时诸侯各国都想背叛秦国来臣服齐国了。齐湣王也自尊自大，只是齐国的百姓不能忍受了。

燕昭王于是问乐毅讨伐齐国的事。

乐毅说："齐国继承了先人的霸业，地大人多，不能单独去攻打。大王若要讨伐它，不如与赵国、楚国和魏国联合起来。"

燕昭王觉得对，于是就派乐毅出使，去见赵惠文王，又另外派使臣去楚国和魏国，再让赵国去说服秦国，讲讨伐齐国的好处。这时诸侯各国也都觉得齐湣王骄狂暴纵，是个祸害，于是都争着合纵，与燕国一起来讨伐齐国。

燕昭王二十八年，燕昭王于是起兵，任命乐毅为上将军，赵惠文王也把相国的印给了乐毅。乐毅带着赵、楚、韩、魏、燕五国的军队去讨伐齐国，在济水的西面打败了齐军。齐湣王战败，逃到了莒，逃走时只剩他孤身一人。

齐军打败了，诸侯各国的兵回去了，可乐毅还带着燕军独自进击，一直追到了齐国的都城临淄，把临淄攻下了。

乐毅攻入临淄，把齐国的珍宝财物和祭器都运回了燕国。燕昭王十分高兴，亲自到济水来慰劳军士。燕昭王把昌国封给了乐毅，称乐毅为昌国君。

燕昭王回去后，留下乐毅继续攻打齐国其他没有攻下的城。

乐毅在齐国用了五年的时间，攻下了齐国的七十多座城，还把它们都设成了燕国的郡县。这时，齐国只有莒和即墨没有攻下了。可是，此时燕国却有了变化。

这时，燕昭王去世了，他在位三十三年，儿子继位，是为燕惠王。

燕惠王做太子时，与乐毅不和，他一继位，乐毅的命运就改变了。

武公说服昭子罢兵

楚国想与齐国和韩国一起伐秦，但它还想对周有所图谋，周赧王知道后，就派了武公到楚国来，见了楚国的相国昭子。

武公说："三国用兵，分割周郊野的土地来运输，并想把周的宝物南运以使楚国尊贵，臣以为不行。杀死大家共同尊崇的君主，把世代相传的君主贬为臣民，大国不会亲近。以合众来威胁势寡力单的周室，小国也不会跟从。大国不亲近，小国不跟从，于名于实都不能得到。名实既然不能得到，就不应当用兵伤民。若有图谋周室的名声，也就不能号令诸侯了！"

昭子说："楚国没有对周的图谋。"

昭子说完看了看武公，又说："不过，周怎么就不能图谋了呢？"

武公说："军力不够五倍就不能攻进，军力不够十倍就不能围城。一个周相当于二十个晋，这您是知道的。韩国曾经以二十万之众在晋国的城下受辱，精锐战死，士卒受伤，而晋依然没有攻下来。您没有百倍于韩的兵力却要图谋周室，这是天下都知道的。结怨于周，绝交于齐，在天下失掉声誉，如此行事很危险了！危害周，并且以三川使韩国强大，那方城以外的地方必定会被韩国削弱。"

昭子说："这怎么能知道呢？"

武公说："西周的土地，取长补短，也不过百里，虽名为天下共主，但夺其地不足以扩大自己的疆土，得其众也不足以强大自己的军力，虽然这样，如果攻打他还得落个弑君的恶名。"

昭子不说话了。

武公叹了口气又说："然而好事的君主，喜欢攻战的臣子，发令用兵，却都要紧盯着周，这是为什么呢？因为天子的祭器在周。诸侯想要天子的祭器，竟然忘了杀死君主的罪名。现在若韩国知道祭器在楚国，臣怕天下都会因为祭器而仇视楚了。"

昭子不喜欢听，嘟囔着说："怎么会都仇视楚国呢？"

武公说："臣请求给您做个比喻。您知道，虎肉腥臊，它的爪子又锋利，但是人们还是要抓它，为什么呢？是因为人们想要虎皮。假若把大泽之中的麋鹿也都蒙上虎皮，那去抓麋鹿的人就会比抓虎的人要多多了，可人们得到的其实只是虎皮！现在您想要诛伐天下的共主，占有三代所传的九鼎宝器，以尊显楚国的君主，这不是贪是什么呢？《周书》说：'若要起事，不能先倡乱'，臣怕九鼎宝器南迁，兵事也就跟着到了！"

楚国想来想去，最后没有发兵。

范雎遇难入秦得志

列国纷乱之时，一个人到秦国来了，这个人是范雎。

范雎是魏国人，他本来是想要为魏国效力的，并且觉得要效大力，因为他有那么大的本事。范雎还觉得，他每天就应当在魏王的左右，为魏王出谋划策。只是他一直没有这个机会。

范雎没办法，只好先投靠了中大夫须贾。

刚到须贾这里，就赶上须贾为魏王出使齐国，须贾让范雎跟着一起去，也想看看范雎怎么样。

到了齐国，事情不顺利，待了好几个月，也没什么结果。

事情虽然没有什么结果，可范雎却让齐王知道了他是个辩才，也是个人才。于是，就派人带了十斤黄金、牛肉和酒，赏赐给范雎，想和范雎接近一下。可范雎知道自己是出使来的，有王命在身，虽不是重要的人，但也担有责任，接受了礼物不好说，就没敢要。

范雎虽然没要，却立即有人把这事报告给了须贾。须贾大怒，想是不是范雎把魏国的想法都偷偷告诉给了齐国，齐国这才感谢他，怨不得事情这么长时间都没出结果。

须贾回到魏国后，就把这事告诉了丞相魏齐。魏齐一听也火了，让人把范雎抓来就打，打得范雎牙也掉了，肋骨也断了。

范雎一看怕是要打死了，于是就干脆装死。魏齐见范雎死了，就令人用席子把范雎卷了起来，扔到了厕所。宾客们喝醉了上厕所，尿就撒在范雎身上。

范雎卷在席子里，等了个机会，对守卫的人说："你把我弄出去，我重重地谢你！"

守卫的人于是去对魏齐说："厕所里席子卷着个死人，臭烘烘的，快扔了吧。"

魏齐这时喝多了，也没怎么想，就说："扔了吧。"

就这样范雎躲过了这场灾难，没有死。

后来魏齐又后悔了，觉得这事做得有些过分了，一是说范雎私通齐国并没什么凭据，二是范雎也是个人才。听说他还没死，就又找范雎，要见他。可范雎不知魏齐是怎么想的，不敢去见。范雎还觉得，总不见也不是办法，就发了愁。这时，范雎一个叫郑安平的朋友听说后，就帮范雎逃走了，然后把范雎藏了起来，名字改叫张禄。

这时，秦国派一个叫王稽的使者到魏国来，郑安平就装作差役，来伺候王稽。

王稽想为秦国招揽人才，就问郑安平说："魏国有没有什么贤人，能和我一起到秦国去游历游历呀？"

郑安平说："我们那有个张禄先生，想要见你，和你说说天下的大事，不过这个人有仇人，因此不敢白天来见。"

王稽一听有了兴趣，说："不要紧，那就晚上来。"

到了晚上，郑安平和范雎一起来见王稽了。

范雎和王稽坐下来，纵谈天下的事，没说多一会儿，王稽就知道了，这个人是个不得了的人才，马上就和范雎约好，让他过几天到城外的三亭岗去等他，然后一起去秦国。

过了几天，王稽和范雎一起坐上车，奔赴秦国。

到了秦国，王稽见了秦昭王，禀报了出使的事，又说："魏国有个张禄先生，是天下无敌的能辩之士，张禄先生说，秦国就像摞起来的蛋，十分危险，不过得到他也就平安了，但这些话只能和您当面谈，我已经把他带到秦国来了。"

可秦昭王听了这话却不高兴了,他想:"我在位三十六年了,向南攻破楚国,向东攻破齐国,几次围困韩、赵、魏三国,凭的是武力,不是凭那些只会耍嘴皮子的辩士。而且这个人怎么这么张狂,秦国怎么就成一堆蛋了,怎么没了他就不行了,这个人也太张狂了,得压压他的狂气。"秦昭王就让人给范雎安排了一处吃住都很差的地方,让范雎住下了。范雎没有想到,秦国是这样待他,范雎更没有想到,他这样一住就是一年多。

范雎静下心来,仔细地了解秦国后发现,秦国的朝廷上有几个重臣,有穰侯魏冉、华阳君芈戎,还有泾阳君和高陵君。魏冉和芈戎是外戚,他们是秦昭王母亲宣太后的弟弟,泾阳君和高陵君是秦昭王同母的弟弟。魏冉为丞相,其他三个人轮换着担任将领,他们都有自己的封地。魏冉仗着太后,积聚了很多的财富,钱比王室还要多。

魏冉作为秦将出征后,就想越过韩国和魏国,去征伐齐国的纲寿,这显然是要扩大他在那里的封地了。范雎觉得,秦王只有去除了这些人的权势,才能让自己成为真正的秦王。范雎于是给秦昭王写了一篇奏章,不过他在奏章里没有写这些事,这些事得亲自见面说,奏章最紧要的是要让秦昭王能见他。

范雎的奏章说:"臣听说,贤明的君主管理政务,有功劳的不可不赏赐,有能力的不可不封官,因此,有能力的人不应当被埋没。"

奏章还说:"臣听说,周王室有砥砺,宋国有结绿,魏国有悬藜,楚国有和璞,这些都是美玉,被称作四宝。但是,它们也都是从土里挖出来的,并且也曾经被好的工匠当作是普通的石头给错过。只是,它们毕竟还是好玉,因此最终也成为天下的名玉。现在被你抛弃的这个人,不就是一块这样的美玉吗?这块美玉能对秦国有大利,希望大王不要错过。"

奏章还说:"我想,是臣愚钝而不合您的心呢,还是我太低贱而不能被用呢?如果都不是的话,臣愿能见一见君王,亲自说一说,如果说得不对,可赐我一死!"

秦昭王见了奏章十分惊讶,觉得这个张禄若真如他所说,那自己是不能将一块好玉错过,于是派车去把范雎接来了。

范雎到了宫里,内侍让他等着,自己去通报,可范雎却假装不认识路,自己进去了。

这时,秦昭王来了,内侍对范雎大声说:"快走开,王来了!"

范雎听了，却装作一副不明白的样子，说："秦还有王哪？秦不是只有太后和穰侯吗？"

秦昭王见范雎直言，知道他有些要紧的话，就让其他人都下去了。

秦昭王见左右都没有人了，就恭敬地对范雎说："先生打算告诉我些什么呢？"

范雎说："啊啊啊。"

这样坐了一会儿，秦昭王又说："先生打算告诉我，教我些什么呢？"

范雎说："啊啊啊。"

过了一会，秦昭王又问了一遍，可范雎还是"啊啊啊"。

秦昭王不高兴了，说："看来先生是不想跟我说了！"

范雎说："不是，臣听说，当初吕尚遇到周文王时，只是一个渔夫，在渭水边钓鱼，那时他和周文王还很生疏。但两个人说完以后，周文王就拜吕尚为太师，和他一起坐车回去了。因为吕尚说得太好了，并且最终他也让周文王成就了王业。如果当初周文王和吕尚不深谈，那周也就无所谓天子之德，文王、武王也就无所谓什么王业了。"

范雎停下来，看了看秦昭王，见秦昭王正在听着，就又接着说"现在我是什么呢？我只是一个困顿在这里的臣子，和王没有更深的交往，可是，我所要说的事是辅佐君王的大事，我愿意以我的愚忠来效力，可我不知道君王您的心，因此您问了我三次我都不敢回答。不是臣我怕什么不敢说，即使我今天说了，明天就被杀了，我也不会不说。大王信了臣说的话，去做了，死就不是我所怕的。五帝圣，最后不是也死了，三王仁，最后也死了，五霸贤，也死了，乌获、任鄙有力，也死了，成荆、孟贲、吴王庆忌、夏育有勇，也死了。死，人人都免不了，我身处其中，只要能够有利于秦，臣也就满足了，臣又怕什么！"

秦昭王听了，有些感动。

范雎又说："当初伍子胥逃出昭关，到了吴国，没办法生存，吹着笛子讨饭，但最后却把吴国振兴起来了，使吴国成了盟主。如果让臣能像伍子胥一样显示出智谋，就是把我幽禁起来，让我终身不能再见大王，只要我所说的能够施行，能对贤主有所补益，那就是臣的大荣耀了，臣还有什么耻辱，有什么忧虑呢？那么，我怕的是什么呢？我是怕在我死后，天下的人看见我是因为尽忠而死的，因此也不敢说话了，也不敢到秦国来了，我怕的是这些！您现在上畏惧太后，下被奸臣迷惑，在这深宫里，只见左右的大臣，这样怎么能辨明邪恶呢？大，会使国家灭亡，小，会使自身危险，这才是臣所怕的！至于穷困，羞辱和死亡，臣并不怕，如果臣死了秦国能治理好了，那我死了比活着还要好。"

秦昭王听了，十分感动，说："先生怎么这么说呢？秦国这么偏远，寡人又这么不贤明，让先生受辱了，是上天把先生赐给我让我来保存秦国的宗庙，是上天不抛弃我，先生为什么要这么说！我今后事无大小，上到太后，下到大臣，所有的事都请先生来教我，你就不要再怀疑我了！"

范雎听了，重新拜了秦昭王，秦昭王也拜了范雎。

范雎说："大王的秦国，四面都有要塞，十分稳固。秦国又有百万士兵，千辆战车，可以对外征战。因此，形势有利可以出击，形势不利又可以退守，这是王者的地方。秦国的人民不喜欢互相打斗，但对外作战却异常勇猛，这是王者的人民，大王这两者都具有了。有这样的力量，以秦国的军力来控制诸侯，不是就像放出好狗去捉瘸腿的兔子吗？霸主的事业能够成就了。"

秦昭王听了很高兴。

范雎说："然而，大王的大臣们却太不称职了，秦国到今天已经闭关了十五年，不敢以兵力窥视山东，这是穰侯为秦国的谋划有问题，大王的计划也有所缺失。"

秦昭王连忙说："那你快给我说说都有什么缺失。"

范雎正要说，突然看见左右有不少偷听的人，有些怕，于是改了想法，不说宫里的事，而说对外用兵的事，这样也好看看秦昭王是怎么想的。

范雎说："穰侯越过韩国和魏国去攻打齐国，这不妥当。出的兵少，不足以伤齐国，出的兵多了，又有害于秦国。臣猜测大王是要少出一些兵，而让韩国和魏国多出兵，这就不合情理了。秦国与韩国和魏国并不那么亲近，越过这样的国家去攻打齐国，这能行吗？这个计划太不周密了。当初齐湣王向南攻打楚国，破军杀将，把楚国打败了，进击了有千里之远，但最后齐国却连一寸土地都没得到。"

秦昭王说："这是为什么呢？"

范雎说："自然不是齐国不想得，是形势让齐国没办法得。当时诸侯各国见齐国打仗打得疲惫了，君臣也不和了，就趁机来讨伐齐国，把齐国打得大败，结果是大臣受辱，军队困顿，最后大家却把错处都归咎于齐王，问：'这是谁的主意呀？'，齐王说：'这是田文的主意。'于是大臣们发动叛乱，把当初出谋划策的田文给赶跑了。因此，齐国之所以被攻破，是因为他去讨伐楚国，却强大了韩国和魏国。"

秦昭王说："那应当怎么办呢？"

范雎说："依臣所见，大王您不如远交近攻，得一寸土地是大王的土地，得一尺土地也是大王的土地，现在要放弃近处去攻远处，不是很荒谬吗？现在韩国和魏国处在天下的中枢位置，大王您要称霸，就必须要有这中枢地区，以向楚国和赵国示威。楚国强大，赵国就会依附秦国，赵国强大，楚国就会依附秦国，如果楚国和赵国都依附了秦国，齐国就必定会害怕了，也就会对秦国谦卑地对话了。齐国如果也向秦国示好，那么韩国和魏国就可以降伏了。"

秦昭王听了范雎的这一番话，十分震动，又问范雎东进的事。

秦昭王说："我其实早就想亲近魏国，可魏国是个多变的国，亲近不了，怎么办呢？"

范雎说："用好话和重金去拉拢他们，不行，就割让土地来收买他们，再不行，就出兵讨伐他们。"

秦昭王说："我就听从你的了。"

秦昭王于是拜范雎为客卿，谋划军事，最后听范雎的安排，去攻打魏国，先攻取了怀，又攻取了邢丘。

范雎此时又对秦昭王说："秦国和韩国的地形就像刺绣，互相交错，对秦国来说，韩国就像树木有蛀虫，就像人有心腹的疾病，天下要没有什么变故也就罢了，只要有变故，秦国最大的祸患就是韩国，大王不如收服韩国。"

秦昭王说："我自然也想收服韩国，可是韩国不听，有什么办法呢？"

范雎说："韩国怎么会不听呢？只要大王出一路兵攻打荥阳，韩国一个国家就要断为三部分，韩国看见要灭亡了，怎么能不听呢？如果韩国听从了，霸业也就可以考虑了。"

秦昭王觉得好，就重用了范雎。

第六章
学会捍卫自己的尊严

没有自我尊重,就没有道德的纯洁性和丰富的个性精神。对自身的尊重、荣誉感、自豪感、自尊心,这是一块磨炼细腻的感情的砺石。

蔺相如完璧归赵

赵国在赵惠文王十六年时，得到了一个宝贝，举国欢庆，这个宝贝就是和氏璧。

和氏璧很有来历，传说它是楚国人卞和在山里头找到的。卞和得到这块玉时它还只是块石头，但他觉得剖开后里面必定是一块好玉，于是献给了楚厉王，楚厉王派了一个玉匠去鉴别。这个玉匠看了后，说不是什么好玉，甚至也不是块玉，就是块石头。楚厉王火了，心想，大胆的卞和，竟然拿一块石头来欺骗国君，于是下令把卞和的左脚给砍了。

楚厉王去世后，楚武王即位，不死心的卞和见换了国君，就又把这块玉献上去。这次玉匠看后也说是块石头，楚武王也火了，把卞和的右脚又给砍了。

楚武王去世后，楚文王即位，卞和这次不敢献了，因为他没有脚可砍了，可他又不死心，于是抱着玉在山里头哭，一哭就是三天三夜。这事让楚文王知道了，觉得很奇怪，于是就让把玉拿来看看，可玉匠看了还说是石头。楚文王觉得这事蹊跷，要不干脆剖开看看，不是好玉也死了心，于是就让匠人把玉剖开了。这一剖开不得了，里边真是一块宝玉，于是就把这块玉做成了一块璧，又因为这块玉是卞和发现的，就命名为和氏璧。

赵国得了这么好的玉璧，本来是福，可赵国一高兴，把这事传了出去，结果让秦国给知道了，就招来了祸。

秦国的秦昭王也早就知道和氏璧了，只是没见过，很想见一见。但是，让赵国把和氏璧拿到秦国来，让秦国看，怕是不行。秦昭王就把大臣们召来了，问他们有没有办法。

一个大臣说："可以给赵王写一封信，告诉说秦国愿意用十五座城来换取这块和氏璧。"

秦昭王一听，觉得这个大臣糊涂了，用十五座城换一块玉，这怎么能行，这不成了价值连城了。

这个大臣见秦昭王不满意，就笑了，说："就是这么说说，等和氏璧到了秦国，咱们留下来就行了，十五座城给不给还不是在咱们，城不是在秦国手里？"

秦昭王恍然大悟，觉得这倒是个好主意，凭秦国的威力，赵国不敢不把和氏璧送来，拿了和氏璧，再拖着不给它城就是了，赵国又能怎么样？于是秦国立即写了信，送往了赵国。

赵国接到了秦国的信，感到十分为难，赵惠文王把大将军廉颇和各位大臣都找来了，商量应当怎么办。

大家都觉得，秦国是不会真正给城的，因此和氏璧到了秦国也就回不来了，白白地受骗。可是，要是不送和氏璧去，秦国就又有了借口，说不定能派兵打过来，商量来商量去也没有个万全的办法，可是，那边秦国的使者还等着呢。

一个大臣说："先找个人和秦国的使者一起回去，应付应付。"

大家觉得这倒行，先应付过去。可仔细一想，却没有能去应付的人，这可不是一般人能应付的事，于是又没有办法了。

这时宦者令缪贤说了，他说："我倒有一个人选，能行。"

赵惠文王赶紧问："是谁？"

缪贤说："我有一个门客叫蔺相如，他能行。"

赵惠文王听了却不怎么高兴，一个门客怎么能干得了这么大的事，不过又想，既然缪贤能说出来，或许这个人还真有些本事。

于是赵惠文王问缪贤说："你怎么觉得这个蔺相如行？"

缪贤说："我有一次犯了罪，就想逃跑，想跑到燕国去，蔺相如把我给制止住了。蔺相如问我说：'你知道燕王吗？'我说：'我有一次跟着国君和燕王在边境上会面，燕王私下拉着我的手说，愿意和我交朋友，因此我知道燕王和我很好。'可蔺相如对我说：'赵国强，燕国弱，你得到国君的重用，因此燕王要和你结交，如若你从赵国逃走去燕国，燕国怕赵国，一定不敢留你，反倒会把你绑了送回赵国，因此你不如向国君诚心地请罪，国君也许会宽恕你。'我听了他的话，向大王请罪，大王您也宽恕了我，因此我觉得蔺相如行，能去秦国出使。"

赵惠文王于是召见了蔺相如。

赵惠文王问蔺相如说："秦王用十五座城换我们的和氏璧，能不能答应？"

蔺相如说："秦国强，赵国弱，不能不答应。"

赵惠文王说："秦国拿了和氏璧又不给城，怎么办？"

蔺相如说："秦国用十五座城来换和氏璧，赵国若不答应，错在赵国。若是赵国给了和氏璧，而秦国不给十五座城，那就是错在秦国了。两相比较，宁可我们答应而让错在秦国。"

赵惠文王说："那谁能作为使者去办这件事呢？"

蔺相如明白了，他看了看赵惠文王，说："大王如若实在没有人可派，我愿意带着和氏璧去秦国出使。"

赵惠文王问："那和氏璧会怎么样呢？"

蔺相如看着赵惠文王，郑重地说："十五座城给了赵国，和氏璧留在秦国，十五座城不给赵国，我必定会把和氏璧完完整整地带回赵国来，我定会完璧归赵。"

赵惠文王答应了，他也没有别的办法，只好让蔺相如拿着和氏璧去秦国了。

蔺相如带着和氏璧到了秦国，秦昭王召见了他，蔺相如把和氏璧恭恭敬敬地捧给了秦昭王。秦昭王一看果真是块好玉，名不虚传，于是又传给身边的其他人看，又传给身边的美女看，左右看了也都山呼万岁。

秦国的人传着，看着，也不提城的事，蔺相如也明白了，秦国根本没给十五座城的意思，甚至提都不想提。蔺相如想了想，有了主意。

蔺相如向前走了几步，对秦昭王说："和氏璧虽然好，但也有瑕疵。"

蔺相如这么一说，秦昭王吃了一惊，连忙把和氏璧要了过来，仔细看了，可看来看去，没有看见瑕疵。

秦昭王说："我怎么没看见有瑕疵？"

蔺相如说："臣指给大王看。"

秦昭王于是连忙让把和氏璧又给了蔺相如。蔺相如接过了和氏璧，拿稳了，往后一步步地退，一直退到后面靠上了一个大柱子。

蔺相如倚着柱子，怒发冲冠，他对秦昭王说："大王想得到这和氏璧，让人给我们赵王写信，赵王把群臣召集起来商议这件事，大家都说，秦国很贪，依仗着它的强大，拿空话来骗和氏璧，十五座城必定不能得到，因此不能将和氏璧给秦国。但是臣以为，即使是老百姓交往，也还不互相欺骗，何况秦国这样一个大国呢？并且因为一块和氏璧就让秦国不高兴，也不应当，因此我们赵王斋戒了五天，才让臣带着和氏璧来到秦国，递交了国书，奉上了和氏璧。为什么要这样呢？是敬重大国的威严，表示敬意。可现在我看见大王和大臣们都很傲慢，拿了和氏璧以后还传给美女们看，这不是戏弄臣吗？我看大王也无意给赵国十五座城，因此就把这和氏璧收回来了。"

秦昭王一听，火了，大臣们也都火了，一个小小的蔺相如，竟敢如此耍弄秦王，于是都瞪起了眼，准备动武了。

蔺相如看着这些人，冷冷地说："你们不要逼我，你们若是逼我，我就先把这和氏璧在柱子上撞碎了，然后再一头撞死在这柱子上！"

蔺相如说完，举起和氏璧，对着柱子就要摔了！

秦昭王一看着急了，连忙说："别摔别摔，有话慢慢说。"

蔺相如看秦昭王这么说，这才把和氏璧放下来了。

秦昭王说："不就是要十五座城吗？"

蔺相如说："这是秦国答应的。"

秦昭王想了想，让下面把地图拿来了，在地图上比画了一下，对蔺相如说："你看，从这起的十五座城都给赵国，这行了吧？"

蔺相如看秦昭王其实还是不想给，只是骗自己一下，这十五座城必定得不到，也计上心来。

蔺相如对秦昭王说："好，既然大王这么说了，臣也就遵命，只是和氏璧是天下相传的宝物，我们赵王在送和氏璧时，也先斋戒了五天，这才把和氏璧给了我，因此现在我请大王也斋戒五天，然后在朝堂上设九宾礼以示郑重，这样臣才敢奉上和氏璧。"

秦昭王听蔺相如这么说，有些难受，知道硬抢怕是不行，看蔺相如的气势，怕是真能把和氏璧给摔了。又想，斋戒就斋戒吧，也就是晚五天，于是让蔺相如到驿馆住下了，自己开始斋戒。

蔺相如到了驿馆，知道秦昭王虽然开始斋戒了，但十五座城是必定不会给的，于是让一个随从换上了粗布衣服，装扮成了个普通的老百姓，把和氏璧揣在怀里，从小路逃回赵国去了。

秦昭王斋戒了五天，又在朝堂上设了隆重的九宾礼，然后把蔺相如从驿馆请来了。

蔺相如见了秦昭王，说："秦国从秦穆公以来，二十多个国君，没有坚守约定的，臣怕大王你也会欺骗我，因此我已经让人拿着和氏璧回赵国了，算算应当已经到了。"

秦昭王和大臣们一听，都愣住了，没想到蔺相如还能这样。

蔺相如这时又说："秦国这么强大，大王只是派了一个使者到赵国送了一封信，赵国就立即把和氏璧拿来了，现在秦国若是先把十五座城给了赵国，赵国难道敢不给秦国和氏璧吗？我知道，我这么欺骗大王应当杀头，那你现在就把我杀了吧，不过我还是请大王和群臣商量商量，看究竟怎么好。"

秦昭王和大臣你看我，我看你，不知该说什么，着急得就想把蔺相如立即杀了。

秦昭王仔细想了想，觉得现在就是把蔺相如杀了，和氏璧也得不到，只是断了秦国和赵国的情谊，算了吧，和氏璧还是以后再说吧，于是秦昭王以礼相待，让蔺相如回去了。

蔺相如回到赵国，赵惠文王十分高兴，和氏璧保住了，蔺相如不辱使命，还平平安安地回来了，于是任命蔺相如为上大夫。

毛遂力断逼楚发兵

秦军攻打邯郸，眼见都城要被攻破，赵国上上下下都急了。

赵孝成王召来了相国平原君，说："你快想想办法呀，看怎么能解了邯郸的围。"

平原君说："我是正在想办法呢，可还没想出来。"

赵孝成王丧气了，说："你手下不是有好几千门人吗？怎么这么多能人连个退敌的办法都想不出来？"

平原君有些尴尬，想赵孝成王说得也对，自己平时养了这么多的人，到了有事的时候，总不能什么用都不管吧！

平原君和他的这些门人商量后觉得，要能解秦国对邯郸的围困，只有让楚国来救赵国，楚国一国也不敌秦国，还要联合其他各国，让楚国做盟主，这样联合起来，才能退了秦兵。

平原君把这个办法对赵孝成王说了，赵孝成王说："那还等什么，赶紧去呀！"

平原君领了命，准备带人去楚国。

下面的人问平原君说："到了楚国，打算怎么办呢？"

平原君说："自然是和和气气地谈了。"

下面的人说："要是谈不成呢？"

平原君一下说不上来了。

下面的人说："让楚国当盟主，去对付强秦，那楚国不是就把祸事揽到自己头上来了吗，他能愿意吗？"

平原君想了一会儿，说："能谈成自然是最好了，要是万一谈不成，就是挟制住楚王，也得让他订了盟约。"

平原君就在门人里挑选，准备找上二十个有勇有谋的人一起去。

平原君在门人里找能文能武的人，可找来找去，就找到了十九个，剩下一个却怎么也找不出来了。

就在这时，一个人走到了平原君的面前，说："您是还少一个人吗？那就算上我吧。"

平原君说："您是谁呀，在我这几年了？"

这个人说："我叫毛遂，在您这整整三年了。"

平原君一听就不高兴了，说："能人处在世上，就像锥子放在口袋里，锋尖立即就会露出来的，可您在我这都三年了，也没有谁举荐您，我也从来没听说过您，这就是您没有什么锋芒了，因此您还是留在这吧。"

毛遂说："您说得对，能人的锋尖是会从口袋里露出来的，可您不是还没把我放到口袋里吗？您要是早放进去了，那我的锋尖也早就露出来了，并且露出来的还不只是锋尖了。"

平原君听了，觉得这个人与其他的人不同，又挑不出别的人了，就让毛遂去了。

到了楚国，毛遂和这十九个人纵论天下，这些人一下服了他，毛遂对事情的看法，可要比他们高明多了，真是露出锋芒了。

这一天，平原君和楚考烈王谈判救助赵国，订立合纵盟约的事。平原君费尽了口舌，陈述利害，从早上一直说到中午，可也没说出个结果来。

这时，十九个人一起对毛遂说："先生，您快上去吧，怕是只有靠您了！"

毛遂看了看这些人，又看了看殿堂上还在谈着的平原君和楚考烈王，就握住了自己的长剑，顺着台阶一直跑上去了，守卫的人还没来得及拦，毛遂已经到了平原君跟前。

毛遂说："合纵的利害，两句话就能说明白了，可现在从早上就谈，一直谈到了正午，怎么还定不下来呢？"

楚考烈王见突然蹿上来一个人，吓了一跳，就问平原君说："这是个什么人？"

平原君说："这是我的家臣。"

楚考烈王于是呵斥毛遂说："我跟你的主人说话呢，你插什么嘴，还不赶快下去！"

毛遂一手握住剑鞘，一手握住剑柄，一步步地走到了楚考烈王前面。

毛遂说："大王之所以能这么呵斥我，不过是依仗楚国人多势众罢了。可是，现在我和大王您还不足十步，这样大王就没有什么可依仗的人和势了，大王的性命就在我的手里了。我是很卑微，但我是在我的主人面前，当着我主人的面，大王为什么这么呵斥我呢？并且我听说，商汤曾凭着方圆七十里的地方就有了天下，周文王靠着方圆百里的地方就让诸侯臣服，这难道是因为他们兵多吗？不是，是因为他们能依据形势而发出威力。现在楚国的土地广大，有五千里，并且有百万的士兵，这能让楚国称王称霸了！以楚国的强大，天下谁能阻挡？可是，一个白起浑小子，带着几万人来和楚国作战，一战就攻下了鄢城和郢都，再战烧了夷陵，第三战毁坏了楚人先王的陵墓，羞辱了楚国的先人，这是楚国一百年都不能化解的仇恨，连赵国都为楚国感到耻辱，可大王怎么不觉得羞愧呢？合纵是为了楚，不是为赵，大王在我主人的面前，呵斥什么呢？"

楚考烈王一下软了下来，说："是是是，先生你说得对，就依先生所说，楚国愿意合纵。"

毛遂握着剑说："定下来了？"

楚考烈王说："定下来了。"

毛遂于是对楚考烈王的左右说："拿鸡狗马的血来！"

楚考烈王的左右赶紧把鸡狗马的血放在铜盘里拿来了。

毛遂接过铜盘，走到楚考烈王跟前，跪下来对楚考烈王说："大王您应当歃血来定下合纵的盟约，然后是我的主人，再下来是我。"

于是合纵的盟约定下了。

毛遂又招呼那十九个人说："你们也都来歃血，也都算是有一份，沾个光吧。"

和楚国的合纵定下来了，楚国答应发兵了，平原君回到赵国，十分感慨。

平原君说："我再也不敢说自己能识人才了，我见过的人才多说有几千人，少说有几百人，自以为有本事的人都落不下，可没想到却偏偏把最有本事的毛先生给落下了。毛先生到了楚国，使赵国重新恢复了尊贵，他的三寸之舌，比百万大军还要厉害，我再也不敢说能识人才了。"

平原君于是尊毛遂为上宾。

苏武不降北海牧羊

平陵侯苏建一开始就立了功，他先是以将军的身份筑朔方城，后来以游击将军跟随卫青出征。可过了二年，他再跟随卫青出征时，却因为赵信叛逃回匈奴，自己又死伤了士兵，有罪当斩，后来他赎为平民。

苏建有三个儿子，大儿子叫苏嘉，是奉车都尉，小儿子叫苏贤，是骑都尉，但知名的是二儿子，他就是苏武。

苏武字子卿，年轻时就因为父亲的保举做了官，兄弟同为郎官，后来又到中厩监，掌管鞍马鹰犬等射猎的东西。当时汉接连讨伐匈奴，也几次派了使臣，去观察匈奴的动向，可都被匈奴扣留下来。匈奴派使臣到汉来，汉就也扣下了。

天汉元年，且鞮侯单于掌了权，他怕汉来袭击，对汉小心翼翼。

他对匈奴自己的人就说："汉天子是我的长辈！"

为了表示与汉和解，且鞮侯单于让路充国他们这些被扣的人都回来了。

武帝很高兴，就也让扣留在汉的匈奴使者回去了。武帝还想表彰且鞮侯单于，就派苏武以中郎将的使臣身份，持节仗送匈奴的使者回去，并带了很多的钱财，想要答谢且鞮侯单于的善意。

苏武带领副中郎将张胜及常惠等，又招募了一百多人，一起去了。

到了匈奴后，苏武把钱财给了且鞮侯单于，可没想到，且鞮侯单于见汉给了他这么多的钱财，又觉得汉是怕他了，对苏武他们也骄狂起来。苏武他们很失望，因为这显然不是武帝的初衷。

在匈奴这逗留了几天，苏武他们要回去了，且鞮侯单于也准备送苏武他们走了。可是，偏偏在这个时候，匈奴这出了一件事，匈奴的缑王和虞常两个人要谋反。

缑王是匈奴昆邪王姐姐的儿子，当初和昆邪王一起降了汉，后来跟着浞野侯赵破奴攻打匈奴时战败，又归降了匈奴。虞常是汉人，在匈奴这。缑王还想再回到汉去，又想归汉时能有些功劳，就打算劫了且鞮侯单于的母亲一起去归汉。

本来这事与苏武也没什么关系，可虞常在汉时和张胜不错，于是他就找张胜了。

虞常私下里见了张胜，说："听说汉的天子很怨恨匈奴的大臣卫律，因为他也是个投降匈奴的汉人。我在这能偷偷地用弩射死他，这样做一是为汉消除怨恨，二是我的母亲和弟弟都在汉，愿能因此而厚待他们。"

张胜听了后，答应了，给了虞常一些货物。

过了一个多月，且鞮侯单于出去打猎，只剩下他的母亲和孩子，虞常和七十多个人准备偷袭。可是，其中一个人反叛，夜里逃了，并且去向且鞮侯单于报告了。且鞮侯单于立即派了自己的子弟带着兵去打缑王他们，结果缑王他们都死了，虞常也被活捉了。

且鞮侯单于派卫律查这件事，张胜听说了，怕以前他和虞常说的事都泄露出来，就和苏武说了。

苏武一听就急了，说："事情要是这样，那就必定会牵连到我，我若是受到侵犯而死，就实在是辜负朝廷了，不如自己死了算了！"

苏武于是想自杀，张胜和常惠连忙制止住了。

虞常一被审，果然把张胜说了出来。且鞮侯单于发了怒，召集了管事的人一起商议，想把汉的使者都杀了。

左伊秩訾说："汉使并没有参与劫持这件事，杀了他们有些太重了，不如让他们都投降。"

且鞮侯单于于是让卫律把苏武叫来审，苏武一见这种情形，又不想活了。

苏武对常惠说："屈了节气，辱了使命，就是活着，还有什么脸面回汉去！"

苏武说完，拔出了自己的佩刀就刺，卫律吓了一大跳，急忙把苏武抱住了，可苏武已经没了气，卫律赶紧让去叫医生。医生来了，让在地上挖了一个坑，里面放上了炭火，铺垫好了，把苏武放在了上面，踩压苏武的背让血出来，过了半天苏武才缓过来。常惠他们都哭了，用车把苏武送回到了营地。

且鞮侯单于知道后，感到敬佩，早晚都派人去问候苏武，但是把张胜抓了起来。

苏武逐渐地好了，且鞮侯单于就派人告诉苏武，要一起定虞常的罪，也想趁这个机会让苏武降了。

苏武来了后，卫律没说什么，先把虞常给斩了。

卫律又说："汉使张胜谋杀单于的近臣，罪当死，不过单于也愿意接受投降的人，若是投降，就可以赦免了他的死罪！"

卫律说完，把剑拔出来了，指向了张胜。张胜一看剑要刺过来了，又见刚才虞常被斩，于是吓得请求投降了。

卫律见张胜投降了，又对苏武说："副手有罪，你也应当连坐！"

苏武说："我一没有参与这个阴谋，二又不是亲属，我有什么可连坐？"

卫律一看，把剑又举了起来，指向了苏武，可苏武却是动也不动。

卫律说："苏君，卫律我以前负汉归降了匈奴，幸蒙单于的大恩，赐了号，也称了王，现在我拥有数万人，我的马遍山都是，是如此地富贵。苏君你今天要是降了，明天也会跟我一样，不然的话，只能空用身躯来做野草的肥料了，并且又有谁能知道呢！"

苏武也不理卫律。

卫律又说："今天苏君听我的劝说，投降了，我与苏君就是兄弟，今天若是不听我的劝说，以后想要再见我，怕是就见不着了。"

苏武听了后，骂起卫律了，说："你为臣子，不顾恩义，叛主背亲，被俘虏就投降，我见你这样的人做什么？"

卫律一听，说不出话来了。

苏武又说："单于相信你，让你来定下人的生死，可你不平心主持公正，反而让两主相斗，来看谁有祸，谁失败！你可知道，南越杀了汉的使者，被屠杀后平定为九个郡；宛王杀了汉的使者，他的头也悬挂在了汉宫北阙的城楼上；朝鲜杀了汉的使者，即被诛灭；现在只有匈奴还没这样。你知道我不会降，你若是想让两国互攻，那匈奴的祸也就从我开始了。"

卫律知道苏武不会降了，就告诉了且鞮侯单于，可且鞮侯单于更想让苏武投降了，就把苏武幽禁到了一个大窖里，也不给他吃的喝的。可是，正巧这时天下了雨雪，苏武就趴在那里，咬下毡子的毛，就着雪咽下去。过了几天，匈奴人来看，发现苏武几天没吃没喝，竟然也没死，觉得他是神了，于是就把他放逐到了北海没有人的地方。

匈奴人对苏武说："等你放的羊下了小羊了，你就可以回去了。"

苏武一下明白了，他永远也回不去了，因为给他留下的都是公羊。苏武就这样留下了，常惠等其他的官员分别安置到了其他的地方。

苏武在北海，匈奴也不供给他粮食，没有吃的了，苏武在野外找吃的。

苏武每天出去放羊，他不敢吃羊，因为他的羊都是公羊，下不了小羊，吃了也就没了。他想留着这些羊，不到万不得已时不吃。

苏武每天拿着他的节仗放羊，逐渐地节仗上装饰的旄牛尾的毛都脱落了，只剩了一根节仗的杆了，但苏武还是每天拿着它。

过了五六年，且鞮侯单于的弟弟於靬王到北海来射猎，见到了苏武。他见苏武能结拴在飞弋上的丝绳，又能校正弓弩，很喜欢，就给了苏武衣服和粮食不赐给苏武马匹牲畜和帐篷等东西，苏武好过了。

可后来於靬王死了，他的人也都走了，到了冬天，一伙人把苏武的牛羊都抢走了，苏武又不好过了。

原来在汉的时候，苏武和李陵两个人都是侍中，也相互认识。苏武出使到匈奴的第二年，李陵归降了，可李陵也不敢来见苏武。

时间长了，单于派李陵去北海，给苏武摆了酒宴，还带来了乐工。

李陵对苏武说："单于听说我和你原来很好，因此派我来说服你，要好好待你。你这样最终也回不了汉，空自在这无人之地受苦，就是有信义，又有谁能够看见呢？我来之前知道，你的哥哥做奉车都尉，跟从皇上到雍县的棫阳宫，下台阶时让车撞到了柱子，车辕也撞断了，落了个大不敬的罪，他自刎死了，皇上赐了二百万钱，葬了。你弟弟跟着皇上到河东祭祠土神，骑马的宦官和驸马争船，把驸马推到河里淹死了，宦官跑了。皇上让你弟弟追捕宦官，可你弟弟也捉不到，最后害怕，喝了毒药死了。我来这边时，你的母亲已经不在了，我还送葬到了阳陵县。你的妻子年轻，听说已经再嫁了，只有两个妹妹，还有两个女儿，一个儿子，现在十多年了，也不知还在不在了。想一想人生，就像早晨的露水，很快就过去了，你何必这样自己苦自己呢？我刚来时，也常常发狂，痛心自己负了汉，可最后老母亲也死了。你要是不归降，会比我好吗？现在陛下年事已高，又法令无常，大臣们无罪被灭门的有几十家，安危都不可知，你还想要为谁呢？愿你能听我的话，不要再这样了。"

苏武听了，说："我苏武父子没有什么功德，都仰赖陛下，才有所成就，愿意肝脑涂地，以身殉国。现在就是杀身，也是我的心愿。臣子侍奉君主，就像儿子侍奉父亲，儿子为父亲死，有什么怨恨呢？你不要再说了。"

李陵不说了，和苏武喝了几天的酒。

最后李陵又说："你能不能听一听我的话？"

苏武说："我觉得我早就应当死了！单于若是一定要让我归降，那咱们今天喝完了酒，我就死在你的面前算了！"

李陵看苏武这样诚心，长叹了一声，说："你真是个义士了，我李陵和卫律都罪能通天！"

李陵最后哭着和苏武告别了，他觉得，这一别就是诀别了。

李陵回来后，想帮助苏武，可自己又不愿意去，就让他的匈奴妻子给苏武送去了牛羊各几十头。

后来李陵听到了消息，就又到了北海。

李陵对苏武说："听抓捕到的俘虏说，自太守以下的官吏和平民都穿了白衣服，说是皇上去世了。"

苏武听了，向南号啕大哭，直哭得吐了血，并且每天早晚都要向东哭吊。

昭帝继位，改元始元。

一天，匈奴派来了使者，要与汉和亲，汉又向匈奴要苏武他们，可匈奴说苏武他们已经死了。

汉又派了使者来到匈奴，常惠知道了，就想见使者，于是就和看守他的人说了。可看守他的人怕他跑了，也怕他出什么意外，不敢让他去。常惠就好说歹说，又让看守他的人和他一起去，看守他的人这才同意了。

到了夜里，常惠去见了汉的使者，把他们的情形都说了，使者既惊讶又兴奋，但不知怎么去和单于说，因为匈奴说他们都已经死了。

常惠想了想，对使者说："你们见了单于，可以这样说，就说汉天子在上林苑射猎，打下了一只雁，雁的脚上绑着用帛写的信，信上说苏武等人在大泽中，都还活着。"

使者十分高兴，觉得这个办法可行，第二天见了单于，就按常惠所说的跟单于说了。单于一下愣住了，又看了看左右，左右也不知道应当说什么。

这时单于只好说："苏武他们确实还在。"

最后单于答应让苏武他们回去，李陵知道后，拿了酒，来向苏武祝贺。

李陵说："你现在回去，既在匈奴扬了名，也在汉室立了功，就是古时竹和帛所记，丹青所画，也没有能超越你的了！"

说完了苏武，李陵又感叹了，说："假如当初汉宽恕了我的罪过，保全了我的老母，使我能够奋起，展现清除大辱的志向，我也会像古时的曹沫那样，挺身而起，这也是我此前一直念念不忘的。可是，我的家被灭了族，这是世上最大的耻辱了，我还有什么可眷恋的呢！算了，都过去了，你知道我的心就行了，异域之人，从此一别，也就是诀别了！"

李陵起舞，唱道："径万里兮渡沙漠，为君将兮奋匈奴。路穷绝兮矢刃摧，士众灭兮名已颓。老母已死，虽欲报恩将安归！"

李陵热泪双流，与苏武诀别。

单于召集了苏武的下属，除了已经归降匈奴和死了的，跟苏武一起回去的有九个人。

苏武在始元六年春天才回到长安，昭帝下诏，让苏武用牛、羊、猪的太牢礼节，去拜见武帝的灵寝。又任命苏武为二千石的典属国，赏赐了钱二百万，公田两顷，一处住宅。常惠、徐圣、赵终根等被任命为中郎，各赏赐帛二百匹。其余六个人老了回家，每人赏赐钱十万，终身免除劳役。

苏武在匈奴待了十九年，去的时候他还很强壮，等到回来时，头发和眉毛、胡子已经全都白了。

张骞归汉封侯助战

一天，武帝正在朝堂上和大臣们议事，突然侍从来报说："张骞回来了！"

武帝听了一愣，说："哪个张骞？"

侍从说："说是十几年前出使月氏的张骞。"

武帝大吃一惊，说："张骞还活着？"

侍从说："说是还活着，回来了。"

武帝说："赶快让他进来！"

张骞来了，武帝一看，简直不认得了。

张骞伏在地上，痛哭起来，武帝和大臣们也都哭了。

武帝说："这么多年了，你是怎么过来的？"

张骞把他这十几年怎么在匈奴，怎么去月氏，怎么去大宛，又怎么回到匈奴，都一一说了。

武帝和大臣们都十分感慨。

武帝说："张骞，你真是太不容易了，可你怎么回来的呢？"

张骞说："去年匈奴的单于死了，左谷蠡王攻打太子，自立为单于，国内乱了，我于是就趁乱回来了。"

武帝说："就你一个人？当时一起去的人呢？"

张骞说："当时和我一起去的只有两个人回来了。"

武帝说："那这些年你怎么过的呢？"
张骞说："臣在那边已娶妻生子。"
武帝说："娶的什么人？"
张骞说："自然娶的是匈奴女子。"
武帝说："过得还好吗？"
张骞说："过得还好。"
武帝说："那你也算是半个匈奴人了。"
张骞说："臣若到了匈奴，与匈奴人无异。"
武帝说："那匈奴的山川地理，人文风情，你都熟悉了？"
张骞说："尽在臣的胸中。"
武帝说："太好了，你若到军前协助卫青，他就应当耳聪目明了。"
武帝封了张骞为博望侯，又让张骞去卫青军前，协助卫青作战。

第七章
做人的智慧

　　学会低调做人，就是要不喧闹、不矫揉造作、不故作呻吟、不假惺惺、不卷进是非、不招人嫌、不招人嫉，即使你认为自己满腹才华，能力比别人强，也要学会藏拙。

刘邦还乡唱大风歌

英布谋反，刘邦亲自去征讨，汉十二年十月，英布战败被杀。刘邦平定了淮南，准备回长安。

就要走了，刘邦忽然想，自从封了汉王，直到当了皇帝，还从来没回家乡看一看，现在已经离家乡不远了，不如就回去看一看。想到要回家乡去看一看，刘邦高兴了，现在再回去，已经是皇帝了，当初可没想到有这么好。

刘邦定下了回乡的计划，吩咐下去了，下面也急忙通告沛县，准备迎接。郡县本来接到通告，都打算好好准备一番的，可仔细看了通告，却发现上面特意说明，不让改变各地原来的样子，下面的官员明白了，皇上这是要看当年的样子，是要怀旧，自然不能动。不过虽然通告上这么说，皇上要看的地方不能动，可以前的地方就不能住了，也住不下，好在原来一直想着皇上要回来，盖了一座行宫，能让皇上住下了，只是要好好收拾准备了。

刘邦回到了家乡，见景生情，感慨万分，想自己当年不愿意种地，当了个亭长，后来遇到秦末的起义，自己也起了兵，这才一步一步地打下了天下，当上皇帝，想想以前的一件件事，都还历历在目，想到这，刘邦觉得这一生没有虚度。

刘邦到了家后，又来到了武负开的小酒馆，看到还是老样子的小酒馆，刘邦把往事一下都想起来了，他想到那时经常和朋友们在这喝酒歌舞，真是高兴。刘邦又想起当年他没有钱，总是赊账，就把武负叫过来了。

刘邦说："武负，我以前欠你的钱，今天都能还你了。"

武负说："皇上什么时候欠我钱，皇上不欠我钱。"

刘邦奇怪了，说："还不还是一回事，可欠总还是欠吧？"

武负笑了，说："皇上那时给我带了那么多人喝酒，让我挣够了钱，怎么还说欠我钱呢，我谢皇上还来不及呢。"

刘邦在小酒馆又喝了一会儿酒，走时又赏了武负。

刘邦住在行宫里，见地方宽敞了，就把父老子弟都叫来了，一起喝酒。又叫来一百二十个孩子，教他们唱歌。

孩子们唱着歌，刘邦喝着酒，自己做了一首诗，唱了起来。

刘邦唱道："大风起兮云飞扬，威加海内兮归故乡，安得猛士兮守四方！"

下面的人把诗记下来了，问刘邦说："皇上的这首诗叫什么名字？"

刘邦说："几句歌词，有什么名字，要不就叫《大风歌》吧。"

下面的人又把这首歌教孩子们学会了，唱了起来。刘邦看着眼前，想着过去，慷慨悲伤，哭起来了。

大家都慌了，不知为什么。

刘邦对大家说："游子思故乡啊！我现在虽然在关中，但时时都想着家乡，万岁之后我的魂也会想着家乡的！"

大家一听，也都感动得哭了。

刘邦说："我有了天下了，说话也算话了，今后我家乡的赋税和劳役，就全都免了！"

大家一听，欢呼起来了。

这时一个人趁机说："沛县免了赋税和劳役，可丰邑却没有免，皇上还是可怜可怜丰邑吧！"

刘邦不高兴了，说："丰邑就是我生长的地方，我自然不会忘，但我恨丰邑的子弟，当初他们曾经跟着雍齿一起反我，我就不免！"

大家都跟着说好话，说了半天，刘邦答应了，把丰邑的赋税和劳役也都免了，大家都高兴了。

刘邦天天和老人们喝酒，聊以前的事，真是高兴。

刘邦高兴地在家乡待了有十多天，才离开回长安了。

项羽兵败自杀身亡

韩信、彭越带兵到了垓下,与刘邦会合,一场要灭了项羽的楚汉大战就要开始了。

这一天,韩信率先出兵,开始攻打项羽,项羽奋力反击,韩信的军队支持不住,开始退却,但这时孔将军和费将军从侧面攻入了楚军的阵地,楚军的侧面和后面一下乱了,前面得势的楚军不得不回军来救,韩信这时趁机重新大举进攻,楚军抵抗不住,被打得大败,只好退守在营寨里了。

项羽被困在营寨里,发愁了。他知道,他的兵没有刘邦的多,汉军把他包围了好几层,突围出去很难,并且粮食也没了,这样被围困着,也没办法调粮食进来,真是麻烦!

晚上,项羽一个人在营帐里喝闷酒,只有美女虞姬陪着他。项羽正喝着酒,突然听到远处有歌声,并且还是楚人的歌声。项羽一惊,他知道,现在自己的营寨里是没有人会再唱歌的,仗打成了这样,肚子都吃不饱,哪还有心思唱歌呢,这必定是汉军那边唱的,可汉军怎么会唱楚人的歌呢?项羽出了营帐,到外边仔细听了听,还真是汉军那边唱的楚人的歌,难道楚地已经都被汉军占了,汉军里的兵都是楚人了?项羽不怎么相信。

第二天,有人来报告了,说:"项王,有麻烦了!"

项羽说:"怎么了?"

来人说:"士兵们昨天晚上听到汉军中都唱楚人的歌,觉得必定是楚地已经都被汉军占了,一下都慌了,军心散了!"

项羽知道,这可是大事,没有了军心,仗还怎么打,可汉军那边要唱歌,自己又有什么办法呢?

项羽想,不管怎么样,只有突出重围才行,只是,即使突围出去,怕也剩不了多少人,只能以后再想办法了。项羽下了令,转天突围。

项羽走到营帐外面,看见月光明亮,天气晴朗,想明天作战倒是个好天气。项羽转到后面，看到了自己心爱的乌骓马，在那里静静地立着，项羽抚摸了一会儿自己心爱的马，马好像也知道项羽的心情，静静地立在那。项羽回到了营帐里，看见只有虞姬在里面。项羽坐下，虞姬也不说话，只是静静地看着他。项羽突然心里一酸，想到今天还有自己心爱的马和自己心爱的女人陪着自己，而明天，乌骓马和虞姬也不知会怎么样了。

项羽又喝起酒来，他觉得现在除了喝酒，也做不了什么了。

项羽想起了范增，想起了范增曾经几次和他说过，将来和他夺天下的就是刘邦，当初在鸿门时，自己有机会杀了刘邦，但却没有杀，这是不是真的错了？可项羽想，那时也没看出刘邦有这么大的本事，就是现在他也依然不明白，刘邦到底有什么本事。论打，他十个刘邦也打不过自己一个人，别的呢，项羽觉得刘邦似乎只会耍赖，说了的话不算，说好了鸿沟划界，不打了，可转眼就又打来了。项羽觉得刘邦就是个无赖，当初把刘邦的父亲太公放到肉案子上要剁成肉酱时，刘邦竟然能说出来："你要是真想把他剁成肉酱，煮成肉羹，那别忘了煮好时也分给我一份。"项羽真是不明白，这么一个无赖，怎么能把自己逼成这样呢？

项羽把虞姬搂在怀里，想起和叔叔项梁出去避难，到了会稽郡，想到他们就是在那起义的，那时可真是痛快呀！后来自己破釜沉舟，打败章邯，是何等的英雄气概。再后来进入咸阳，自己封了那些诸侯，那时自己不就是天子吗？若不是天子，能分封诸侯吗？那时的自己，真是不可一世。想到这，项羽又突然想到了刘邦，想到进咸阳不是自己先进去的，而是刘邦先进去的，秦王子婴是降了刘邦，秦是刘邦灭的。想到这，项羽不禁又发起火来，又是这个刘邦！可想到刘邦，再想到自己眼前的情形，项羽一下又悲伤了。

虞姬看出来项羽心里不痛快，就说："要不大王唱个歌吧，唱一唱，也许心里能痛快些。"

项羽觉得对，点了点头，于是就自己想了几句词，唱起来了。

项羽唱道："力拔山兮气盖世，时不利兮骓不逝。骓不逝兮可奈何，虞姬虞姬奈若何！"

虞姬也跟着唱，唱完，自己也哭了，项羽哭得更厉害了，虞姬再听，帐外的卫士们也都哭了。

虞姬决定自己不离开项王，明天突围，自己也要跟在项王身边，就是死，也要死在项王的身边。

项羽下了突围的命令，点了八百多最精壮的骑兵，让这些人饱饱地吃了一顿，准备突围。

到了夜里，项羽他们终于冲出了汉军的包围。

第二天早晨，刘邦知道项羽冲出去了，于是派将军灌婴带着五千骑兵追了上去。

项羽他们甩掉了汉军，继续往前赶，突然，一条大河拦在了前面，项羽知道这是淮河，他想，过了河就要好多了。

项羽让手下去找船，一会儿手下回来了。

项羽问："找着船了吗？"

手下说："找着了，已经过来了。"

项羽说："船够吗？"

手下说："船够，多着呢。"

项羽说："那得把多余的船都烧了，不能留给汉军。"

说完了项羽又想，现在哪还有时间再烧船哪，算了吧，赶紧走吧。项羽于是拦住了要去烧船的人，让他们一起跟着上船了。

项羽他们快速地向前走，到了阴陵，来到了一个路口，道路分成了左右两岔，项羽他们不知应当向哪边走。

正在着急时，看见一个种地的老农，扛着锄走过来了，项羽连忙让手下的护卫去问路。

护卫骑马跑了过去，直到老农跟前才把马拉住，险些撞上了老农。老农吓了一大跳，张嘴正要骂，却见来的人身上都是血，人也脏得不成样子，又很凶狠，吓得不敢说话。

护卫用马鞭敲了一下老农戴的斗笠，说："种地的，往彭城应当走哪条路？"

老农心里想，你的马差点儿撞了我，却连句道歉的话也不说，还要向我问路，问路就好好问吧，还这么凶，于是没说话。

护卫见老农不说话，凶狠地说："问你呢，怎么不说话，不说话杀了你！"

护卫说完，一下把剑抽了出来。

老农一见害怕了，于是指了指左边的路。

护卫回来告诉了项羽，项羽他们迅速顺左边的路向西去了。

项羽他们却发现路越来越不好走了，最后竟走到了大泽里，马陷在泥里，不能走了。

项羽他们觉得，必定是路走错了，于是又返了回去，这次走右边的路了。走了一会儿，项羽知道，这次路对了，可是，这时汉军也追上来了，走在最前面的汉军又与项羽他们打上了。

项羽他们冲到了一个小山坡上，停下了，项羽想，这次怕是不能脱身了。

项羽看了看周围的这二十多个人，说："我从起兵到现在，已经八年了，身经七十余战，只要遇到敌人就把他们打败，没人敢不服，我没有败过，也就因为这样，我才霸有了天下，今天我被困在这里，这是天要亡我了，并不是我不能打！"

项羽把自己的这些人分为了四队，向四个方向突围，约定了突围后三处会合的地点，这时汉军已经把他们围了好几层。

准备好了，项羽命令出击，他自己大喊着冲了下去，汉军看见这凶神冲了下来，都四散奔逃，项羽斩了一个汉将。

这时，汉将杨喜见楚军的一员战将十分凶猛，也不知是项羽，就冲了上来，冲到跟前，项羽瞪圆了眼大吼一声，杨喜吓得魂都快没了，马也吓得惊叫着向后退，转头跑了起来，收也收不住，一直跑了好几里地才停下来，杨喜吓得想，自己这是遇见神了，还是遇见鬼了。

汉军不知道项羽在这四队的哪一队中，于是就分兵把这四队都围起来了。

项羽左右冲杀，杀了有上百的汉军，四队又重新汇合起来，数了数，自己这面只少了两个人，项羽又有信心了。

项羽看了看这些人，说："怎么样，我刚才说的对吧，不是我不能打！"

大家都说："大王说得对！"

项羽说："咱们合在一起，冲出去！"

一声令下，项羽带着这些人又向外冲。

一个汉军将领冲了过来，看见项羽，慌了，连忙躲了过去。错过项羽，却看见了后面的虞姬，又有了胆气，于是一戈刺了过去。

项羽急忙去救，搂住了虞姬，虞姬对着自己的项王笑了一下，头一垂，死了。

项羽悲痛欲绝，把虞姬抱到了自己的马上，然后疯了一样地冲出去了。

项羽只剩几个人了，他懵懵懂懂地抱着虞姬走着，突然又看见一条大江挡在了前面，他知道，他就应当死在这了，看看怀里睡了一样的虞姬，项羽真是心灰意冷。

这时，一条小船划过来了，船夫把船停了，上了岸。

船夫见了项羽，大吃一惊，说："来的莫非是项王？"

项羽说："是，这条江叫什么名字？"

船夫说："这是乌江，我就是这儿的亭长。"

项羽说："好。"然后又对乌江亭长说："这是虞姬，是我最心爱的人，你把他好好地葬了吧。"

乌江亭长说："我必定把她好好地安葬，大王你快过江吧。"

项羽说："我一个人过江干什么？"

乌江亭长说："过了江就是江东，江东虽然小，但地方也有千里，人也有十万，做个王也足够了，大王赶紧渡江，现在这里只有我这一条船，汉军就是追来也过不了江。"

项羽对乌江亭长凄惨地笑了一下，说："这是天要亡我了，我还渡江干什么，当初我和江东的八千子弟渡江西进，到现在却没有一个人回来，即使江东的父老兄弟还可怜我，爱惜我，让我为王，可我还有什么脸面去见他们，就是他们不说，难道我自己的心里不羞愧吗？"

乌江亭长哭了。

项羽看了看滔滔的江水，长叹了一声，说："这是天要亡我了！"

过了一会儿，汉军又追上来了。

项羽一个人就杀了汉军几百人，但他自己的身上也有了十来处伤。

项羽杀着，忽然看见了一个汉将，他对汉将说："你不是原来我那里的吕马童吗？"

吕马童看了一下项羽，畏惧了，对一起的将领王翳说："这就是项王。"

项羽说："我听说，汉出一千金来买我的头，还要封万户侯，那我就把这个好处给了我的故人吧。"

项羽说完,拔出剑来自刎了,吕马童一愣,低下了头,转过脸不忍看了,这时王翳冲过去就把项羽的头割了下来,紧紧地拿在了手里。

王翳得意了,这头功是他的了,他坐在马上,把项羽的头高高地举了起来。

项羽从起兵到死亡,只有短短的五年时间。

韩信谋反被杀灭族

陈豨反叛,刘邦亲自带兵去征讨,临行前让韩信跟着一起去,韩信说有病,推辞了。

韩信又偷偷派人去见陈豨,说:"你在那里起兵,我在长安帮助你,咱们同时起兵。"自己也急忙准备开了,和家臣们商量好,准备在一天夜里,假传诏书,赦免各个官府中服役的罪犯和奴隶,去袭击吕后和太子。他全都部署好后,就等着陈豨的消息了。

可是,他手下一个人偷偷跑到宫里,把韩信要谋反的事都报告给了吕后。

吕后想,韩信要反了,那就只有把韩信杀了,于是急忙把相国萧何叫来商量怎么办。商量了一阵,想出了办法,把韩信骗进宫来杀掉。

萧何又担心了,说:"用谁来杀韩信呢,我们可是调不动军队呀。"

吕后说:"外面的军队我们是调不动,可宫里的卫队我能调动,用他们就行了。"

萧何惊讶了,他不知道,吕后把宫里的卫队都管住了。

萧何说:"这事要不要再告诉一下皇上?"

吕后说:"事情这么紧急,还来得及吗?韩信要是在长安起了事,和陈豨呼应上,那就是皇上回来,也不好办了。"

萧何其实也知道这事来不及告诉刘邦了,不过这么说一下,他就放心了。

萧何想了一下，说："这事只是韩信的门人这么一说，如若不是真的，韩信没有谋反怎么办？"

吕后看了看萧何，说："你还觉得这事不是真的？"

萧何看着吕后，一下明白了，这事无论是不是真的，吕后都要把韩信杀了，也许她早就这么打算了，现在是机会来了。

吕后说："现在是什么时候了，还容你这么斟酌吗？"

萧何不再说什么了，两个人各自去安排。

第二天上朝时，一个萧何安排的人假装从赵国的军前回来了。

吕后说："你从军前来，可有什么好消息？"

假装报信的人说："有好消息，陈豨已经被诛杀了！"

大臣们一听，都向吕后祝贺。

萧何这时说："皇后应当设庆功的酒宴，让大臣和将领们都来庆功。"

吕后说："好，下午在宫里摆宴，共同庆贺，凡是想庆贺的都要来！"

大臣们一听这话就明白了，这酒宴必定要来，不来就是不想来，就成了陈豨的同党了。

吕后又说："韩信怎么没上朝来，派个人去告诉他，别把他剩下。"

宫里立即打发人去告诉韩信。

韩信听到了消息，又泄气，又恼怒，又怀疑，于是就派人打听。打听的人回来说，是外面报信的人回来，告诉陈豨死了。

韩信以为陈豨真的死了，就派人去宫里说自己病了，不到酒宴上去庆贺了。

过了一阵，去的人回来了，还带回来萧何的话。

去的人说："相国说了，说这是大事，将军即使有病也要去。"

韩信不高兴，想他们庆贺，为什么非要自己去。

去的人又说："相国还说，将军难道是要让大家说和陈豨是同党？"

韩信明白了，这酒宴还有另外的意思，那就去吧，不要让人抓住了什么把柄，刘邦本来就在找自己的毛病。

韩信的一个家臣对韩信说："大王是不是还是小心些，不要去了。"

韩信说："小心什么？"

家臣说："我总觉得这事不大对。"

韩信说："不管对不对，他们一个女人，一个文人，怕什么，他们能怎么样？"

韩信一个人进宫去了，一进大殿，他就明白自己错了，众多武士跑了出来，用戟逼住了他，面对这么多的武士，韩信只能束手就擒，不过他觉得，又没有什么凭据，抓了自己又能怎么样。

这时吕后出来，冷冰冰地看着韩信。

韩信说："为什么要抓我？"

吕后说："你和陈豨共同谋反，难道不应当抓你？"

韩信说："有什么凭据？"

吕后说："自然有凭据了，是你的门人告发了你。"

吕后一挥手，门人被带来了。

韩信知道不会有什么好结果了，可也想不出还能再说什么。

吕后说："你要是还有什么话就赶紧说吧。"然后大喝一声："武士们，准备行刑！"

韩信一下愣住了，他没想到会是这个结果，他更没想到，这个女人竟这么强悍，他知道，现在再说什么也没用了。

韩信长叹了一声，说："真是后悔没有听蒯彻的话，要是听了蒯彻的话，当初反了汉，今天哪还有汉的天下，现在还真是要被杀了，并且还是死在一个女人的手里，这真是天意！"

吕后冷笑了一声，说："今天让你知道，这个女人也行！"

吕后说完，又一声令下，韩信立即被推到外面，砍了头。

吕后见韩信死了，又下了第三道令，说："把韩信的三族都给灭了！"

王允计除董卓

董卓在长安自称太师，要汉献帝尊称他为"尚父"。他还把他的弟弟、侄儿都封为将军、校尉，连他刚生下的娃娃也封为侯。

为了寻欢作乐，他在离长安二百多里的地方，建筑了一个城堡，称作郿坞。他把城墙修得又高又厚，把从百姓那里搜刮得来的金银财宝和粮食都贮藏在那里，单是粮食，就足足够吃三十年的。

郿坞筑成之后，董卓十分得意地对人说："大事成了，天下就是我的；即使不成功，我就在这里安安稳稳度晚年，谁也别想打进来。"

董卓在洛阳的时候，就杀了一批官员；到了长安以后，更加专横跋扈。文武官员说话一不小心触犯了他，就会掉脑袋。一些大臣怕保不住自己的性命，都暗暗地想除掉这个坏蛋。

董卓手下有一个心腹，名叫吕布，是一个出名的勇士。吕布的力气特别大，武艺十分高强。他本来是并州刺史丁原的部下。董卓进洛阳的时候，丁原正带兵驻守洛阳。董卓派人用大批财物去拉拢吕布，要吕布杀死丁原。吕布被董卓收买，背叛了丁原，投靠董卓。

董卓把吕布收作干儿子，叫吕布随身保护他。他走到哪里，吕布就跟到哪儿。人们害怕吕布的勇猛，就不好对董卓下手。

司徒王允决心除掉董卓。他知道要除掉董卓，先要拉拢他身边的吕布。他就常常请吕布到他家里，一起喝酒聊天。日子久了，吕布觉得王允待他好，也就把他跟董卓的关系谈了出来。

原来，吕布跟董卓虽说是干父子关系，但是董卓性格暴躁，稍不如他的意，就向吕布发火。有一次，吕布说话顶撞了他，董卓竟将身边的戟扔了过去。幸亏吕布眼疾手快，把身子一侧，躲过了飞来的戟，没有被刺着。

后来，吕布向董卓赔了礼，董卓也表示宽恕他。但是，吕布心里很不痛快。他把这件事告诉了王允。王允听了挺高兴，就把自己想杀董卓的打算也告诉了吕布，并且说："董卓是国贼，我们想为民除害，您能不能帮助我们，做个内应？"

吕布听到真要杀董卓，倒有点犹豫起来，说："我是他的干儿子，儿子怎么能杀父亲呢？"

王允摇摇头说："唉，将军真糊涂，您姓吕，他姓董，本来不是骨肉至亲，再说，他向您掷戟的时候，还有一点父子的感情吗？"

吕布听了，觉得王允说得有道理，就答应跟王允一起干。

公元 192 年，汉献帝生了一场病刚刚痊愈，在未央宫会见大臣。董卓从郿坞到长安去。为了提防人家暗算，他在朝服里面穿上铁甲。在乘车进宫的大路两旁，派卫兵密密麻麻排成一条夹道。他还叫吕布带着长矛在他身后保卫着。经过这样安排，他认为万无一失了。

他哪知道王允和吕布早已商量好了。吕布约了几个心腹勇士扮作卫士混在队伍里，专门在宫门口守着。董卓的座车一进宫门，就有人拿起戟向董卓的胸口刺去。但是戟扎在董卓胸前的铁甲上，刺不进去。

董卓用胳膊一挡，被戟刺伤了手臂。他忍着痛跳下车，叫着说："吕布在哪儿？"

吕布从车后站出来，高声宣布说："奉皇上诏书，讨伐贼臣董卓！"

董卓见他的干儿子背叛了他，就骂着说："狗奴才，你敢……"

他的话还没说完，吕布已经举起长矛，一下子戳穿了董卓的喉头。兵士们拥了上去，把董卓的头砍了下来。吕布从怀里拿出诏书向大家宣布："皇上有令，只杀董卓，别的人一概不追究。"

董卓的将士们听了，都高兴地呼喊万岁。

长安的百姓受尽了董卓的残酷压迫，听到除了奸贼，成群结队跑到大街上唱着，跳着。许多人还把自己家里的衣服首饰变卖了，换了酒肉带回家大吃一顿，庆祝一番。

恶贯满盈的董卓被消灭了，但是百姓的灾难并没有完。过了不久，董卓的部将李傕、郭汜打进长安，杀死王允，赶跑了吕布，长安百姓又一次遭到烧杀抢掠。

管宁割席

三国时候，魏国有个孩子叫管宁。他16岁那年，父亲去世了，家里的日子过得更加清贫。亲戚们看到这种情景，有的给他送来衣服，有的给他送来了粮食。管宁的心里特别感动，他对亲戚们说："谢谢你们的好意，我要靠自己的劳动来养活自己，请你们把这些东西全都拿回去吧！"

从此，管宁离开了家。他一边给人家干活，一边到处寻找有学问的老师，学习知识和本领。后来，他终于找到了一位有学问的老师。

这位老师有很多学生，其中有一个叫华歆。初来乍到，华歆对他非常亲近，他俩就成了好朋友，学习的时候，两人坐在一张席子上。

有一天，管宁和华歆正并排坐在一张席子上读书，忽然，外面传来一阵锣声。学生们都知道，这准又是哪个大官从这儿路过。大家都习以为常了，没有一个去看热闹的。只有华歆一个人坐不住，"噌"地一下站起来，跑出去了。这个大官不光前面有鸣锣开道的，还有一个威风凛凛的仪仗队。他在仪仗队的簇拥下，坐着一顶八人抬的大轿子，慢慢悠悠地走着。华歆一动不动地看着，看得眼都直了。

直到大官走出好远，华歆才回到书房里。他根本不管别人愿不愿听，就放开嗓子嚷了起来："哎呀，瞧瞧人家的排场，多么气派，多么威风呀！"

有个学生忍不住说道："华歆，大家都在读书，你别说了好不好！"

可华歆不管那一套，照样滔滔不绝地说道："哼！将来我要是做了大官，也一定要坐这样的轿子，带这样的仪仗队！"

这时候，管宁什么话也不说，他找来一把小刀，把他和华歆坐的席子"哧啦"一下割成了两半。

华歆一看，纳闷地问："哎，我说管宁，你这是干什么？"

管宁没好气地说："你读书只是为了做官发财，没有一点为国为民的思想。你我志向不同，从今以后，咱们别坐在一张席子上了，你也不再是我的朋友了。"说完，管宁又专心读起书来。

参考文献

[1] 萧良有. 龙文鞭影[M]. 喻岳衡, 主编. 长沙: 岳麓书社, 2008.

[2] 萧良有. 龙文鞭影[M]. 郑州: 中州古籍出版社, 2004.

[3] 萧良有. 龙文鞭影珍藏版[M]. 西安: 陕西旅游出版社, 2003.

[4] 秦泉. 中华蒙学经典大全集[M]. 北京: 外文出版社, 2012.

[5] 张海良. 龙文鞭影解读[M]. 天津: 天津古籍出版社, 2011.

后 记

《龙文鞭影》是以介绍人物典故和历史知识为主的韵语书,自清代中叶以后广泛流行。内容主要来自二十四史中的人物典故,同时又从诸子、古人诗文集和古代寓言、神话、小说、笔记,如《搜神记》《列仙传》《世说新语》《酉阳杂俎》《辍耕录》《鹤林玉露》等书中广泛吸取资料,内容涉及政治、军事、德行、儒林、文艺、方术、怪异等诸多方面,全书共收集典故两千余则,可称之为典故大全。《龙文鞭影》正文和注释文字简明扼要,正文都用四言,成一短句,上下两句对偶,各讲一个典故。

《龙文鞭影》按韵部编排,逐联押韵,读来流畅顺口,也可说是一本可诵读的典故词典。从研究中国传统文化来说,是一本研究中国文化史、教育史特别是蒙学教育的重要资料,即使是一些属于神仙鬼怪的典故,对于我们研究传统思想文化以至理解某些古典著作,亦自有其参考价值。

《龙文鞭影》在传统蒙学中起着承前启后、由浅入深的作用,为孩童进一步读《四书》《五经》和作文打下了基础。它和《三字经》《百家姓》《千字文》几种启蒙书比较起来,有个显著的特点,就是它广泛地借鉴了前人的若干启蒙书的材料,融入了二十四史的不少人物典故和神话、小说、笔记,是一部集自然知识、历史掌故于一体的骈文读物。这对后来的《幼学琼林》影响很大。

《龙文鞭影》定位为传统蒙学经典的普及读物,汇集了我国古代有关训诫、典故知识、治学修德、识字作文等多方面内容,本书在此基础上,采取原文、注释、译文、点评相结合的形式,生动阐释相关故事或知识,既可作为学校的国学入门教材,又可作为家长的亲子读物。读这本书,有助于人们了解我国古代的历史事变、思想脉络、典章文物乃至社会习俗,且对提高古汉语的阅读欣赏能力,大有裨益。